똥 속의 하늘

이 도서의 국립중앙도서관 출판예정도서목록(CIP)은 서지정보유통지원시스템 홈페이지(http://seoji.nl.go.kr)
와 국가자료공동목록시스템(http://www.nl.go.kr/kolisnet)에서 이용하실 수 있습니다.
(CIP제어번호 : CIP2015028021)

똥 속의 하늘

권정생의 똥 이야기로 풀어가는
문학과 신학의 대화

| 정혜영 지음 |

한울
아카데미

너머, 그를 찾아가는 길

어린 시절 살던 면 소재지에 작은 교회가 있었다. 당시 한여름이면 꽤 멀게 느껴지는 길을 걸어 성경학교에 다니곤 했던 기억을 아직도 간직하고 있다. 보통 여름 성경학교는 해가 지기 전에 끝나기 마련인데, 어느 날은 이슥해질 무렵 무서움에 동네 할머니 뒤를 바짝 쫓으며 깜깜한 하늘이나 별을 보면서 걸어오곤 했던 일도 떠오른다. 저녁에 교회에서 열린 부흥회에 언니 오빠를 따라 호기심에 몇 번 갔던 것이었는지도 모른다.

기억은 이처럼 몸 어딘가에 잠복해 있다가 느닷없이 들이닥치기도 한다. 중·고등학교 때는 미션스쿨을 다녔고 대학과 대학원에서는 신학과 기독교학을 공부했고 지금도 일요일이면 교회에 나가고 있으니 나의 정체성 중 많은 부분이 기독교와 연루되어 있을 것이다. 따라서 기독교의 영향을 강하게 받으며 살아왔고 지금도 살고 있는 기독교인이자 기독교 내부인이라 할 수 있다.

조직 또는 공동체의 일원으로 살아가다 보면, 그 조직이나 공동체가 갖고 있는 한계와 모순을 성찰하고 타개해나가기보다는 거기에 매몰되기 쉽다. 매몰은 곧 배타성으로 발현된다. 기독교를 종교로 삼고 있는 나 역시 '갇혀 있음'과 관련해 현재 한국의 교회가 처한 현실이나 그에 대한 비판으로부터 자유로울 수 없다.

히틀러의 나치즘에 온몸으로 저항한 디트리히 본회퍼Dietrich Bonhoeffer는 교회를 '공동체로 현존하는 그리스도'이며 '타자를 위한 존재'라고 했다. 그가 말한 자유는 "타자의 관계에서만 향유하는 것"이었다.[1] 기독교인이 기독교 외부에 서는 것은 쉽지 않은 일이지만 마땅히 그래야 한다고 생각한다. 바로 이 땅에 온 예수 때문이다. 기독교의 하느님은 신으로서의 자신의 경계를 넘어 인간 예수가 되었기 때문이다. 예수가 이 세상에서 이루려 했던 나라는 당시의 체제와 지배층의 배타적 척도를 통해 구획된 경계를 해체하고, 가난한 자, 창녀, 세리와 함께 한 상에서 밥을 먹는 평등한 밥상 공동체였다. 따라서 기독교인은 자유와 해방의 화신인 예수를 전범으로 삼고 살아가야 한다.

꽃밭과 마찬가지로 개인이나 사회도 그 속에 파묻히면 그 이외의 것은 잘 보이지 않는다. 고병권은 기독교인들을 향해 "상당히 오랫동안 기독교 없이 생활해야 할 의무가 있다"라고 했던 니체의 말을 인용하면서, 우리 자신을 떠나는 것이 의무이며 그렇게 함으로써만 우리 자신에 대해 말하도록 허용되어야 한다고 말한다. 개인과 사회가 "얼마나 이상한 곳에 있

---

1 강성영, 「본회퍼의 교회론: 십자가 아래 있는 "타자들을 위한 교회"」, ≪기독교사상≫, 제677호(2015. 5), 12~13쪽. 강성영에 따르면 '타자를 위한 존재'에서 '위한'이라는 말은 "감추어진 권위적이고 불균등한 권력의 문제"를 담고 있다고 지적받기도 한다. 그러나 본회퍼가 제안한 "지배하면서가 아니라 돕고 봉사하는 방식"은 이러한 비판에 대한 적절한 대답이 될 수 있다. 같은 글, 17쪽, 각주 11을 참조할 것.

었는지는 외부의 낯선 체험"을 통해서만 알 수 있다는 것이다.[2] 우리는 모두 자신의 얼굴을 직접 볼 수 없는 존재다. 타자를 통해 자신의 모습을 알 수 있을 뿐이다. 따라서 다양한 타자를 통하면 좀 더 여러 겹의 자신의 얼굴을 성찰할 수 있다.

'시詩'라는 한자는 '언言'과 '사寺'가 합해진 것이다. 시는 말씀으로 사원을 짓는 것이며, 사원의 말, 깨달음의 말이기에 수행의 힘이 깃들어 있음을 뜻한다고 할 수 있다.[3] 폴 발레리Paul Valery가 스승처럼 여긴 스테판 말라르메Stephane Mallarme에게 시 쓰기에 대한 조언을 구하자 말라르메는 "유일한 참된 충고자, 고독이 하는 말"을 들으라고 했다.[4] 어떤 공동체가 시를 쓸 수 있는 사람들의 연대가 되기 위해 경청해야 할 '고독한 충고자'는 바로 저 너머 밖의 소리다. 그 소리를 들으려 할 때 자기 소리에 묻혀 있던 곳에서 떠나 거리로 향할 수 있다. 예수는 늘 노상에 있었고 자기 자신을 길

---

2   고병권, 『살아가겠다』(삶창, 2014), 9쪽.
3   시(詩)는 언(言)과 사(寺)가 결합된 형성자다. 사(寺)는 본래 관청을 뜻하는 시(寺)였으나 불교를 전하는 사람들이 관청에 머물며 불법을 논하면서 절(사원)을 의미하게 되었다. 이승훈에 따르면, 과거에는 사가 "일정한 법에 따라 일을 하는" 곳을 의미했으나 후에 "불법을 논하는" 절의 의미가 되었다고 한다. 이승훈, 『현대시작법』(북인, 2011), 154~155쪽. 나는 시(詩)라는 글자에 말씀을 의미하는 언(言)과, 과거에 사용되던 의미와 현재에 사용되는 의미를 모두 품은 사(寺)가 결합되어 있다고 본다. 사(寺)는 본래 갈 지(之)와 손 수(手)로 이루어져 '손으로 움직이다'라는 뜻도 지니고 있다. 즉, 시(詩)는 세속에서 일을 하면서 행하는 언어인 동시에 종교적 의미를 지닌 언어를 의미한다. 또한 모든 종교의 언어는 세속에서 일을 하면서, 즉 몸을 닦으면서 깨닫는 것이기도 하다. 이승훈이 말한 것처럼 시를 "세속을 떠난 신성한 공간"이라고 보는 사람도 있지만, 나는 시가 세속에서 일을 하면서 깨닫는 말이기에 종교적 언어와도 통한다고 본다.
4   사사키 아타루, 『잘라라, 기도하는 그 손을』, 송태욱 옮김(자음과모음, 2012), 17쪽.

이라고 말했다.

나는 기독교의 교리가 문제가 아니라 교리를 말하는 방식이 문제라고 생각한다. 교리를 정식화定式化로만 말하고 그 교리의 언어가 삶의 사건과 이야기에서 어떤 의미가 있는지에 대한 질문이 삭제되곤 하기 때문에 교리는 일상의 삶을 바꾸는 힘을 상실한 것이다. 교회와 신학에서 구원론을 말하는 방식의 추상성은 신앙의 추상성으로 이어지고 있으며, 이는 자본주의의 추상성과 결합하고 있다. 추상이 세계의 전면全面에서 삶의 세세한 숨결을 가리고 막는 동안 찢긴 살의 결을 더듬어 어루만지는 우리의 손은 퇴화했다. 교회와 신학이 사건과 이야기를 통해 예수를 믿는다는 것이 무엇인지, 죄와 구원이 무엇인지를 지치지 않고 끊임없이 물을 때 수면 아래로 가라앉은 진실과 대면할 수 있으며, 그때서야 삶의 방식은 변화하기 시작할 것이다.

권정생은 "가장 사람다운 삶과 모습이 바로 하느님의 모습"이라면서 "눈으로 보는 하늘은 위에 있지만 뜻으로 보는 하늘은 아래에 있다"라고 했다. "그런데 지금까지의 종교는 공중에 떠 있는 하늘만 찾아 가르치려 했다"라며, "신학은 인간을 버리고 추상적인 뜬구름만 잡는 데 얼마나 시간을 허비했는가"라고 반문했다. 그는 인간이 인간답게 사는 길이 하늘과 통할 뿐만 아니라 모든 동식물의 세상과도 통한다고 보았다.

그의 글에는 똥과 오줌이 많이 나온다. 똥오줌은 인간의 조건인 동시에 의식적으로 또는 무의식적으로 망각되는 것이다. 똥오줌은 스스로에 대해 말할 수 없는 것들과 말해지지 않는 구체적이고 적나라한 인간 현실을 상징하기도 한다. 하지만 권정생은 똥 이야기를 자연스럽게 하면서 통념적인 똥의 개념을 뒤엎는다. 그의 똥 이야기와 똥 사건은 고정적이고 단일한 똥 개념을 해체하고 의미의 진동을 넓혀 똥에 대한 또 다른 개념으로 전이되며 새로운 이해를 낳는다.

어느 해 겨울, 그가 살던 안동시 일직면 조탑리의 집을 찾은 적이 있다. 그는 떠나고 주위는 적막했다. 그가 언 손으로 추운 새벽에 울렸던 교회 종소리인 듯, 돌아오면서 먼 산과 들을 넘어오는 그의 기침소리를 들었다. 그는 이 우주의 모든 사물은 무엇엔가 붙잡혀 있어야 살 수 있으므로 자유니 해방이니 하는 말을 함부로 못 쓰겠다고 했다. 진리가 너희를 자유케 하리라던 예수는 진리대로 살다가 스스로 십자가에서 죽는 고통을 감수했으니 자유는 이렇게나 무서운 것이라고도 했다.

그는 기독교인으로 산다는 것은 삶의 심연을 들여다보는 것이라고 생각했을지도 모른다. 똥은 이 세계의 구멍과 간격 속에서 만들어지고 우리들 속에서도 만들어지고 있지만, 똥이 바닥을 구르는 소리는 소거된다. 그는 곳곳의 구렁에서 모퉁이에서 똥이 웃고 소리치고 꽃피우고 메우고 있다고 삶으로 이야기했다. 이 책은 그 이야기를 찾아가는 길이다. 그의 길과 나의 길은 다르지만 "마구 뒤엉켜 살아도 엄연히 우리는 하나의 고리로 이어진 목숨"이라는 그의 말은 나와 그 사이의 희미한 연결선을 찾아가는 힘이다.

한편 분석심리학, 신화, 생태 영역에 나타난 똥 이야기와 권정생의 똥 이야기가 만나는 지점을 다루려 한다. 먼저, 분석심리학은 인간의 정신뿐 아니라 인간의 역사와 사회에 대해서도 통찰을 제공한다. 카를 구스타프 융Carl Gustav Jung이 어린 시절 경험한 똥은 두려워 피하려고 했던 무의식이자 그림자를 상징한다고 할 수 있다.[5] 융의 이러한 경험은 그가 인간의 정신뿐 아니라 사회와 역사에 대해서도 깊은 이해에 도달할 수 있는 통로가 되었다.

이 책은 권정생의 똥 이야기와 융의 똥 이야기를 교차시켜 읽어가면서 빛과 그림자로 분열된 것을 통합하는 의미에 주목할 것이다. 똥 이야기가 지닌 이러한 의미는 자아로 대변되어 억압하는 것들과 무의식으로 대변되어 억압당하는 것들로 이분화된 이 시대에 대한 중요한 비판을 담고 있다. 더불어 역사에서 마녀사냥 사건을 비롯해 기독교가 자신의 그림자를 외부에 투사함으로써 벌어진 파괴와 비극을 성찰하고 반성하도록 자극하고 있다. 기독교는 똥 이야기가 지닌 의미를 통해 자신의 그림자를 직시하고 자신의 그림자를 타자에게 투사해온 행위를 죄로 인식해야 한다. 또한 이 책에서는 기독교가 이를 의식적으로 통합하려는 노력을 기울여야만 대극을 화합한 예수의 이미지를 구현할 수 있으며 진정한 자기self, 진정한 구원을 이룰 수 있음을 제안하려 한다.

신화에서는 권정생 동화에 나오는 똥과 한국 신화인 마고할미 이야기에 나타나는 똥, 이 시대의 노동자 김진숙의 농성에 등장하는 똥 사이에 동시성이 있다고 보고 이 이야기들을 중첩·병행시키며 읽어나가려 한다. 보통 한국의 신화에 나타나는 똥은 양가적 의미를 갖고 있다고 분석되기도 하지만,[6] 이 책에서는 신화에 나타나는 똥의 상징과 의미의 긍정성에 주목하고 이 시대에 똥이라고 치부되는 것이 지닌 생산성과 창조성, 변혁

---

5 융이 어린 시절 겪은 똥에 관한 경험은 다음을 참조할 것. 카를 구스타프 융, 『카를 융, 기억 꿈 사상』, 조성기 옮김(김영사, 2007), 80쪽.

6 한국의 신화에 나타나는 똥은 인간의 풍요로운 생산성에 대한 바람과 거대 권력에 대한 열망을 동시에 보여준다는 견해가 있다. 조현설, 「거대한 거시기의 비밀」, 『우리 신화의 수수께끼』(한겨레출판사, 2006)를 참조할 것.

하는 삶의 정치적 능력을 말하려 한다. 똥이 지닌 이러한 특성은 만물을 생성하는 역동적인 힘인 소피아의 에너지를 보여주고 있으며 인간을 포함한 우주가 지닌 신성을 드러내므로 인간을 억압과 절망에서 해방시키는 구원의 힘이다. 나는 기독교가 이들과 접속할 때 생명을 살리는 구원의 의미를 품을 수 있음을 주장하려 한다.

생태 영역에서는 권정생의 똥 이야기와 똥의 자원화, 똥에 대한 태도, 똥이 밥이 되고 밥이 똥이 되는 순환적 세계관의 관점을 이 시대의 생태 문제와 연결지어 성찰할 것이다. 똥이라는 쓸모없는 것이 지니는 필요성과 비생산적이라고 여겨지는 것이 지닌 생산성은 근대 주체의 성립 논리를 비판할 뿐만 아니라 자본주의 체제에 대한 비판과 대안도 함축하고 있다. 따라서 똥을 예수의 성육신과 연관성 있는 상징으로 읽으며 예수의 몸이 가리키는 세상과 똥 사이가 멀지 않음을 이야기하려고 한다.

이 책은 권정생의 똥 이야기와 다른 똥 이야기들 간의 대화 및 문학과 신학 간의 대화로 전개되는 것이 특징이다. 미하일 바흐친Mikhail Bakhtin은 "존재한다는 것은 대화적으로 소통한다는 것을 의미한다. 대화가 끝날 때 모든 것이 끝난다. 그래서 대화는 본질적으로 끝날 수도 없고 끝나서도 안 된다"라고 했다.[7] 대화는 차이를 염두에 두고 이루어지는 것이며 "인식론적 교조주의와 전체주의와는 양립하기 어렵다"라는 것이다. 대화는 자기중심적이고 위계적인 독백의 질서에 대한 저항을 의미한다. 정화열은 바흐친이 말한 대화주의의 특징은 '무결정성', '비종결성'이며 나에게뿐 아

---

[7]   정화열, 「미하일 바흐친의 대화주의 문학이론 정신에서 본 정치 평론」, ≪정치와 평론≫, 제4집(2009. 5), 7쪽에서 재인용.

니라 너에게 또는 서로에게 배우고 절충해서 더욱 창조적인 '우리'를 향해 나아가는 것이라고 보았다.[8] '대화'라는 방식은 생태학의 전망을 보여주는데, 이는 너와 나 '사이'에서 '함께' 생성해가는 과정이기 때문이다. 어떤 것도 나 홀로 자족적인 것은 없다. 너와 나는 유기적으로 연결되고 교차하는 지점에서 상호 의존하는 가운데 만들어지는 '인터텍스트inter-text'[9]를 통해 자신을 통과하고 넘어섬으로써 충실한 이해에 도달할 수 있다.

나는 구원론을 말하는 방식이 지닌 추상성의 한계에 대해 민감하게 인식하지 못한 결과 구원론의 언어가 현실과 상관없는 '독백'이 되었다고 본다. 따라서 문학과 신학, 권정생의 똥 이야기와 현실의 또 다른 다양한 영역에서 나타나는 똥 이야기 사이의 '대화'를 통해 구원론과 인간 상황의 '대화'를 모색하려 한다. 대화는 구원론의 독백언어에 대한 하나의 대비對比 또는 저항 장치로 선택한 것이라고 할 수 있다.

글은 다음과 같이 전개될 것이다. 1장에서는 구원론을 추상적으로 말하는 방식에 한계가 있다는 문제를 제기하고, 왜 똥 이야기를 주제로 선택했는지 살펴볼 것이다. 또한 권정생의 똥 이야기와 관련된 글들을 읽어볼 것이다.

작가의 생애는 작품을 이해하는 바탕이 되므로 2장에서는 먼저 권정생의 생애를 정리할 것이다. 이 책은 권정생의 똥 이야기가 현실의 다양한 분야에서 나타나는 똥 이야기와 만나서 드러내는 인간의 구체적인 상황

---

8   같은 글, 9쪽.
9   인터텍스트란 단일한 절대 텍스트가 아니라 여러 글과 말이 교차하고 뒤엉키는 가운데 새로운 것을 창조하는 시공간으로서의 텍스트라는 의미를 표현하기 위해 사용했다.

을 읽어내고 거기서 구원의 의미를 묻는 데 목적이 있다. 따라서 권정생의 삶과 사상, 작품 간의 관련성을 세밀하게 살피기보다는 한 사람의 독자로서 작가 권정생의 글을 통해 바라본 작가의 생애를 서술할 것이다.

3장부터 5장까지는 권정생의 똥 이야기와 다른 영역의 똥 이야기 사이의 다성적인 대화를 통해 드러나는 인간 상황에서 기독교가 말하는 구원의 의미가 무엇인지를 분석심리학, 신화, 생태 영역에서 각각 성찰할 것이다.

나는 신학을 공부하는 입장에서 권정생의 똥 이야기를 인간 삶의 다양한 영역에서 펼쳐지는 똥 이야기들과 병치시키고, 이렇게 중첩되고 병치되는 똥 이야기들을 통해 인간 상황에서 구원의 의미가 무엇인지를 살펴보려 한다. 이러한 작업을 시작한 이유는, 구원론을 설명하는 방식에서 비롯된 추상성의 한계로 인해 구원론과 인간 현실이 소통되지 못하고 있다는 문제의식 때문이다. 따라서 구원론에 대한 추상적인 설명 방식으로 인해 지워지고 망각된 인간 현실을 드러내려 한다. 똥 이야기들에서 똥은 인간의 조건 및 인간을 구성하며, 인간이 만들고 살아가는 자연과 사회, 역사에 대한 가장 구체적인 현실을 상징한다고 보기 때문이다. 이 책은 구원론을 말하는 방식에서 비롯된 추상성에 대한 저항이자 반립으로서의 똥 이야기를 살펴봄으로써 구원론의 추상성 때문에 가려졌던 구체적인 인간 상황을 드러내고 바로 거기에서 구원의 의미를 다시 물으려 한다.

이 책은 권정생 문학의 똥 이야기에서 시작해 그 의미의 파장으로 만난 다른 똥 이야기들이 드러내는 인간 상황이 신학에 어떤 통찰을 주는가에 관한 고찰이다. 따라서 성찰하려는 이야기는 권정생 문학에 나타난 똥 이야기와 그 밖의 영역에서 드러나는 똥 이야기들이다. 이 책에서 다루는 권정생의 똥 이야기는 동시나 산문을 제외한 동화에서 똥의 상징성이 두드러진다고 여겨지는 작품들을 중심으로 한다. 그 작품들은 「강아지똥」, 『밥데기 죽데기』, 『랑랑별 때때롱』이다. 이 책에서는 권정생의 똥 이야기가 '무엇'(내용, 의미)을 말하는가에 중점을 둔다. 따라서 '어떻게'(형식) 말하는가는 다루지 않는다.

나에게 '똥 속의 하늘'이라는 말은 아직 너무나 멀고 슬픈 아름다움이다. '똥 속의 하늘'이 현실이어야 하고 현실임을 확인하는 데까지 나아감으로써 '나'로 여겨지는 것들이 더 깨어지길 바란다.

2015년 11월
정혜영

차례

16

1부

권정생의 똥 이야기와
신학의 만남

1

똥 이야기와 구원론

•• 왜 권정생 문학과 신학의 대화인가

이 책은 기독교의 구원론은 현재 어떻게 이야기되고 있으며 삶에서 어떤
의미로 받아들여지고 있는가라는 물음에서 시작되었다. 성서에는 인간이
체험한 구원에 관한 다양한 이야기가 등장한다. 이스라엘 민족은 하느님
의 은혜로 애굽에서 해방되었다는 역사적인 체험을 구원이라고 칭했으
며, 바울은 율법이 아니라 예수 그리스도에 대한 믿음으로 구원을 받는다
고 했다.

　구원이 타율적인지 자율적인지, 그리고 구원의 대상이 개체와 민족인
지 모든 인류인지를 떠나 구원론은 다양한 구원의 경험을 공통된 하나로
정식화해 표현할 수밖에 없기 때문에 추상성을 지닌다. 이러한 개념적 추
상화는 공통된 하나로 집약되므로 다수의 경험이 억압될 수 있다. 또한

'예수를 믿음으로써 구원받는다', '하느님의 뜻에 맞게 사는 것이 구원이다'라는 식으로 정식화한 구원론에서는 예수를 믿거나 하느님의 뜻에 맞게 사는 것이 현실에서 어떤 태도를 의미하는지에 대한 물음이 생략되기 쉽다. 그러나 추상화는 인간이 경험하는 복잡하고 다양한 실재를 단순화해 더욱 쉽게 전달하는 도구이기 때문에 불가피한 측면이 있다. 또한 종교는 추상화를 통해 다른 종교와는 구별되는 자신들만의 동질성을 더욱 쉽게 확보하기도 한다. 이렇듯 추상화는 양가성을 갖고 있다.

교회나 신학에서는 구원론을 말할 때 정식화라는 언어의 추상성이 지닌 양가성에 주목해 역동적인 자세를 취하기보다는 정식화한 방식으로만 말한다. 따라서 당대와 결부된 인간과 현실은 구원론에서 소외되고 있다. 우리가 살고 있는 금융자본주의 시대 또한 노동과 화폐, 금융과 가치의 추상화로 특징지을 수 있다. 마르크스는 자본주의가 갖는 추상성의 긍정적인 측면과 부정적인 측면을 동시에 사유했다.[1] 마르크스는 노동계급에 동질성을 부여하는 것이 추상성의 긍정적인 측면이라고 보았으나, 이 시대의 금융자본주의 논리가 추구하는 추상성은 되레 노동을 소외시키고 구체적인 인간의 삶에서 노동계급을 유리시키고 있다. 또한 인간과 자연이 분리되어 자연이 대상화됨으로써 근대 이래로 지금까지 인간과 자연의 관계는 급속도로 추상화되고 있다.

모든 것이 사물화되어 황폐해진 이 시대가 보여주는 것처럼 추상화의 충동은 폭력의 충동에서 자유로울 수 없다. 따라서 현실이 추상화되어 있

---

1   Antonio Negri & Michel Hardt, *Commonwealth*(Harvard University Press, 2009), p. 159.

다는 사실을 인간의 구체적인 경험과 상황을 통해 끊임없이 환기하지 않는다면 추상은 인간을 억압하는 폭력이 될 것이다. 앨프리드 화이트헤드Alfred Whitehead는 추상관념은 우리가 그 관념이 추상임을 망각하고 그것의 유용성에 취해 진리처럼 여기기 때문에 위험하다면서, 추상적인 것을 구체적인 실재로 오해하는 것을 '잘못 놓인 구체성의 오류fallacy of misplaced concreteness'라고 말한다.² 구원론은 화이트헤드가 말한 것처럼 추상을 구체적인 실재로 오해하는 한계를 직시하지 못할 경우 구원을 독점하고 이데올로기로 작용하며, 또한 삶과의 접촉점을 잃고 삶을 창조적인 변화로 이끌지 못하는 공허한 구호로 전락할 가능성이 크다.

알랭 바디우Alain Badiou에 따르면 주체와 진리는 '사건'을 통해 생산된다. '사건'은 기존의 지배적인 관점으로는 규정할 수 없는 새로운 사태가 발생하는 것이다.³ 사건에 대해 자신의 방식을 "머리끝에서 발끝까지 바꾸는 충실성"을 가질 때 상황 속에서 진리가 생산되며 이러한 "충실성의 지지자", "진리과정의 지지자"가 바로 주체라고 바디우는 말한다.⁴ 구원의 의미 또한 인간 삶에서 일어나는 '사건과 이야기'에 충실한 데서, 즉 사건과 이야기라는 구체적인 현실에서 결단을 내리고 삶의 태도와 방향을 바꿔나가는 데서 찾을 수 있다. 그러나 현재의 구원론은 인간 삶의 사건이나

---

2   앨프리드 화이트헤드, 『과학과 근대세계』, 오영환 옮김(서광사, 1989), 83~85쪽.
3   사건의 사전적 의미는 '사회적으로 문제를 일으키거나 주목을 받을 만한 뜻밖의 일' 이다. 바디우가 제기한 사건의 개념은 "다른 것이 출몰하는 모든 것"이자 나아가 "역사적인 것"을 뜻한다. 이 글에서의 사건은 바디우가 제기한 개념에 가깝다. 바디우가 제기한 사건의 개념에 관해서는 다음을 참조할 것. 문화평론가 이택광의 블로그(http://wallflower.egloos.com), "알랭 바디우: 진리적 사건과 공가능성".
4   알랭 바디우, 『윤리학』, 이종영 옮김(동문선, 2001), 54~56쪽.

이야기와 단절되어 있다. 신학이나 교회에서는 구원론을 설명하고 있으나 추상적 정식을 반복해서 선언하는 데 그칠 뿐, 인간 삶에서 다양하고 새로운 형태로 출몰하는 사건이나 이야기에서 구원론의 정식이 어떤 의미를 지니는지는 묻지 않는다. 따라서 구원론을 말하는 방식이 지닌 문제, 곧 정식화라는 언어가 지닌 추상성 때문에 구원론은 인간 삶에서 돌발하는 새로운 사태에 대해 현실적인 힘을 상실한다. 이처럼 구원론을 말하는 방식이 추상적인 언어 틀에 갇혀 변화하는 삶의 사건 및 이야기와의 접점을 상실할 때 인간의 상상력과 상징은 고갈된다. 이는 새로운 창조력의 말살로 이어져 인간 존재의 변화를 가로막는다. 따라서 구원론은 사건이 출몰하는 삶에 개방되고 삶을 향해 되물을 때 사건에 적극적으로 개입하는 새로운 존재의 출현과 이어질 수 있다.

구원론이 현실과 괴리되고 있다고 보는 이유는 구원론을 추상적 정식으로 말하기 때문이 아니라, 구원론을 정식으로 말함과 동시에 그 정식들이 삶의 사건과 이야기에서 어떤 의미인지를 담론화하지 않기 때문이다. 구원론을 말하는 방식으로 인한 한계, 즉 정식화라는 언어의 추상성이 지닌 한계를 깊이 인식하지 못하고 구원론을 추상적 '정식으로만' 설명하는 데 문제가 있다고 보는 것이다.

예를 들어, 철학자이자 신학자인 김용규는 기독교의 모든 교리는 구원에 초점이 맞춰져 있으며 기독교는 구원의 종교라고 설명한다. 그는 기독교에서 말하는 구원이란 '신에게로 다시 향하는 것'이며, 잃어버렸던 본질, 생명, 정의, 지혜 등의 회복을 뜻한다고 말한다.[5] 김용규는 기독교의

---

5   김용규, "예수는 우리의 죄를 대신해 죽었다는데, 우리의 죄는 무엇인가, 왜 우리로

구원에 대한 정식을 설명하고 있는 것이다. 앞에서 언급했듯이 구원론이 이처럼 추상적으로 정식화할 수밖에 없음은 충분히 수긍한다. 그러나 한나 아렌트Hannah Arendt도 "이야기의 망이 역사의 구조물을 형성한다"라고 했듯이 이야기로 엮인 현실에서 개인과 공동체는 정식화된 구원론의 추상적인 개념을 들을 수밖에 없다.[6] 하지만 정식화로 설명하는 구원론의 개념과 현실의 이야기 사이에는 언어의 간극이 있으므로 구원론의 정식이 가진 의미를 삶에 잇대어 받아들이기는 쉽지 않다. 현실은 훨씬 더 복잡하고 모호하기 때문이다. 이는 결국 구원론이 삶에서 힘을 잃는 것으로 이어진다. 그 때문에 구원론은 정식화함과 동시에 '신에게로 다시 향하는 것', '잃어버린 본질을 찾는 것'이라는 구원론의 정식이 이 시대 우리 삶의 이야기와 사건에서 무엇을 의미하는지를 끊임없이 되물어야 한다. 현실의 이질적이고 다양한 소음 속에서 구원론의 개념을 다시 물을 때 구원론과 현실은 순환할 수 있다.

아우구스티누스에서부터 종교개혁자들을 거쳐 지금까지 지속되어온 전통 구원론은 악이 인간의 타락으로 인한 죄에서 비롯되었다고 보며, 악의 극복을 인간의 죄에 대한 하느님의 용서에서 찾는다. 신학자 김희헌은 콘래디의 말을 인용해 이러한 전통 신학 구원론의 진정한 문제는 악의 기원이 원죄에 있다고 여기는 신학적 사고가 아니라 이러한 사고로 인해 악의 근본 실체를 진지하게 대하지 못하는 것이라고 주장한다.[7] 그러나 나

하여금 죄를 짓도록 내버려 두었는가", ≪주간조선≫, 제2219호(2012년 8월 13일자).
6   강정민, 「한나 아렌트의 방법론: 이론으로서의 이야기하기」, ≪인문연구≫, 제58호 (2010. 6), 711쪽.

는 현실의 악에 진지하게 접근하지 못하는 이유가 '원죄'를 포함한 '죄'라는 말의 추상성, 즉 '추상적 죄'에 있다고 본다. 전통 구원론을 포함해 모든 구원론은 구원의 정식을 선포하는 데서 끝나버리곤 한다. 정식으로 설명함과 동시에 그 정식이 당대의 인간 삶의 사건과 이야기에 어떤 의미를 지니는지를 묻는 것에 태만하기 때문에 구원론에서 말하는 죄, 믿음, 하느님의 뜻이 삶에서 추상적인 죄, 추상적인 믿음, 추상적인 하느님의 형태를 띤다고 보는 것이다.

한편 김희헌은 과정신학의 구원론을 언급하면서 마조리 수하키Majorie H. Suchocki의 글을 인용한다. 수하키는 '하느님의 계획에서 벗어나는 것을 죄'로 여겼던 과정신학의 기존 이해가 현실의 경험을 담아내기에는 불충분하다는 사실을 지적·재해석한다. 수하키에 따르면, 하느님과 세계 관계하에서 하느님의 뜻과 계획은 '이상적ideal'이 아니라 '상황적contextual'이며 '세상의 창조적 활동에 목적으로 참여해 영향을 주는 것'이다.[8] 이렇듯 기존 과정신학에서는 '하느님의 계획과 뜻'에 맞게 사는 것이 구원이라고 해석했지만, 수하키는 하느님의 뜻과 계획은 상황적이므로 구원이란 '세상의 창조적 활동 속에 목적으로 참여해 영향을 주는 것'이라고 재해석한다. 나는 수하키의 재해석에 동의하지만, 더 나아가 지금 끊임없이 생성

---

7   Ernst M. Conradie, "Towards an Ecological Reformulation of the Christian Doctrine of Sin," *Journal of Theology of Southern Africa*, 122(July 2005), p. 6. 김희헌, 「죄와 구원에 대한 과정 신학적 고찰」, 제3시대그리스도교연구소 월례회 포럼자료, 제113회(2008. 10), 6쪽에서 재인용.

8   Majorie H. Suchocki, *The Fall to Violence: Original Sin in Relational Theology* (New York: Continuum, 1999), p. 57. 김희헌, 「죄와 구원에 대한 과정 신학적 고찰」, 9~13쪽에서 재인용.

되는 삶의 이야기와 사건에서 '하느님의 계획과 뜻'은 무엇이며, '뜻에 맞게 사는 것', '창조적 활동', 그리고 '목적으로 참여'하는 것은 무엇을 의미하는지를 물어야 한다는 것이다. 이렇듯 이야기와 사건 속에서 '죄'와 '하느님의 목적' 등의 의미가 무엇인지를 묻는 작업이 수반될 때 수하키가 말한 것처럼 "죄는 세상에 존재하는 모든 피조물의 평화를 깨뜨리는 불필요한 폭력을 유발시키는 의도나 행위"임을 좀 더 효과적으로 일깨울 수 있을 것이다.[9]

종교개혁 이후 신학에서는 창조 영성이 위축되었으며, 구원은 인간만의 구원으로 축소되어왔다.[10] 그러나 성서에서 하느님은 출애굽을 통해 인간을 구원하기도 했지만 세상을 창조하기도 했으므로 구원은 모든 피조 세계로 확장되어야 한다. 인간과 자연의 구원을 이야기하고 자연과 여성에 대한 억압을 가부장적 이데올로기와 연관시키는 생태여성신학에서는 원죄를 인간과 인간이 물려받고 물려주는 "죄와 허위의 문화적·사회적 체계"라고 보기도 한다.[11] 이미 형성된 사회와 문화의 체계에서 태어나는 인간은 이를 학습하고 체화하기 때문에 잘못된 사회와 문화체계는 분명 대를 이어 유전될 수 있다. 이러한 생태여성신학의 문제의식에는 충분히 동의한다. 그러나 생태여성신학이 이런 문제의식하에 '원죄'의 의미를 재해석했다면, 자연과 여성이 억압되는 '이야기와 사건'에서 그 이야기와 사

---

9   Majorie H. Suchocki, *The Fall to Violence*, p. 12. 김희헌, 「죄와 구원에 대한 과정
    신학적 고찰」, 11쪽에서 재인용.
10 김균진, 「구원의 영성과 창조 영성」, ≪신학논단≫, 제39호(2005. 2), 192쪽.
11 전현식, 「에코페미니즘에서 본 죄와 악」, ≪신학논단≫, 제30호(2002. 10), 164~
    165쪽에서 인용.

건에 연루된 존재와 제도를 포함한 모든 것의 변화를 이끌어내어 현실을 바꾸는 힘으로 전화시킬 수 있는 방법을 고민해야 한다. 생태여성신학에서 말하는 잘못된 사회와 문화적 체계는 당대의 어떤 현상으로 나타나고 있는지, 이러한 체계가 빚어낸 구체적인 사건에서 죄란 무엇을 의미하는지, 죄에 맞서거나 죄에서 벗어날 수 있는 삶의 태도는 무엇인지 좀 더 치열하게 물어야 하는 것이다. 이러한 물음이 생략된다면 생태여성신학의 구원론적 전망은 여성과 자연이 억압받고 있는 구체적인 사건과 그 사건에 연루된 모든 것의 현실의 표층에서 서성거릴 가능성이 높다.

교회에서도 종종 '하느님을 잘 믿으면 구원을 받는다'라는 식의 구원론의 정식을 선포하기도 한다. 그러나 선포하는 것에서 끝날 뿐, 이 시대를 살아가는 인간 삶의 사건들에서는 잘 믿는다는 것이 어떤 태도로 나타나야 하는가라는 물음은 지워지곤 한다. 용산 참사를 예로 들면, 이 사건에서 구원론의 정식이 어떤 의미를 지니는지에 대한 담론이 교회에서 얼마나 오가는지 의심스럽다. 교회에서 그렇게도 자주 설교되는 구원론이 신앙의 심층을 건드리지 못하는 이유는 당대의 인간 삶에서 일어나는 구체적인 사건이나 이야기의 한가운데서 구원론의 정식이 지닌 의미를 묻는 작업과 그 의미를 다시 말하는 작업이 묻히기 때문이다.[12] 용산 참사에서

---

[12] 오강남은 거의 모든 종교에는 표층과 심층이 있다고 말한다. 그에 따르면 심층신앙은 문자주의에서 벗어나 종교 이야기의 상징성을 지금 이곳의 삶과 관련시켜 실존적으로 해석하고 이해하려고 한다. 또한 지금의 나, 이기적인 나로부터 벗어나는 것을 의미하는데, 이는 단순히 지금 잘되는 것뿐만 아니라 죽어서도 좋은 곳으로 가야 한다는 생각에서 벗어나는 것, 만물의 상호 의존성을 깨닫는 것을 의미한다. 오강남·성해영, 『종교, 이제는 깨달음이다』(북성재, 2011), 37~46쪽.

구원론의 정식인 '하느님의 뜻'과 '죄'가 무엇을 의미하는지에 대한 물음은 찾아볼 수 없다. 이 때문에 구원론을 반복해서 말하는 만큼이나 삶에 대한 물음이 묻힌다. 따라서 구원론의 의미는 구체적인 삶의 사건 및 이야기와 결부되어 이해되거나 받아들여지지 않고 이야기와 사건에 무책임한 개인과 사회를 양산하는 것으로 이어지며, 구원론의 언어는 이야기와 사건 속에서 살아가는 인간 및 자연과는 상관없는 자기 독백의 언어가 되고 만다.

이처럼 정식으로 설명하는 데 그치는 구원론은 자본주의가 즐겨 사용하는 약호略號라는 언어의 체제적 특성에도 충실하게 부합한다. 조지 오웰George Orwell은 약호의 특성은 어휘를 제한하는 것으로, 말을 하는 쪽이나 듣는 쪽 모두에게 이익이 된다고 했다. "선택할 것이 적어질수록 점점 더 적게 생각하려 하기 때문"이라는 것이다.[13] 삶의 문맥이 은폐되어버린 약호화된 구원론으로 인해 구원은 교회에 잘 나오고 기도를 열심히 하는 것, 개인과 집단이 건강과 부를 획득하는 것 등으로 축소되어 사용설명서의 몇 가지 기능에 따라 작동하는 이익으로 변질되곤 한다. 구원론의 정식이 선포되는 데 그친다면 인간 삶의 상황만큼이나 다양하고 폭넓은 구원의 체험과 고백, 그리고 여기에 반드시 수반되는 삶의 변화는 고정적이고 억압적인 실체가 되어버리기 쉽다. 구원의 정식화는 신앙과 삶의 정식화로 이어질 수 있으며, 정식화로만 끝나는 구원론은 인간 세상의 편만한 불의와 억압에 저항할 힘을 제공하지 못한다. 다시 말해 이러한 구원론의

---

13 올리비에 르불, 『언어와 이데올로기』, 홍재성 옮김(역사비평사, 1994), 225쪽에서 재인용.

정식화로 유발되는 죄·믿음·구원의 추상성은 구원의 정식화가 지닌 의미를 구체적으로 이해하지 못하게 만들고, 이는 현실에서 빚어지는 악과 죄에 모호하게 대응하거나 이데올로기에 봉사하도록 만든다. 죄, 악, 선이 특정 계층이나 특정 성(性)의 가치 기준에 따라 규정되어 특정한 성과 계층의 지배질서화에 복무하게 되는 것이다. 따라서 구원론의 축약된 정식이 지닌 의미는 인간 삶의 이야기에서 다시 묻고 현장의 목소리로 말할 때 종교를 빙자한 이데올로기의 도구가 되지 않을 수 있으며, 사건과 이야기의 연속인 삶에 개입해 방향을 전환시키는 동력을 제공할 수 있다.

루트비히 비트겐슈타인Ludwig Wittgenstein은 자신의 후기 사상에서 언어의 의미는 언어가 사용되는 삶의 문맥에 따라 달라진다고 했다.[14] 구원에 관한 언어 또한 삶의 문맥에 따라 그 의미가 달라진다. 이것은 현재 우리나라의 신앙 공동체가 '구원'이라는 하나의 단어를 얼마나 각양각색의 의미로 사용하고 있는가를 보면 알 수 있다. 이러한 현상은 인간의 제약성과 해석의 다양성을 암시하기도 하지만 인간이 언어를 통해 자신의 삶을 정당화한다는 사실을 보여주기도 한다. 따라서 구원론에 대한 신학적 작업은 구원론이 삶의 현장에서 어떻게 통용되는지에 관심을 가져야 하며, 구원론이 현실에서 의미를 갖기 위해서는 구원론을 말하는 방식에 관심을 기울일 필요가 있다. 비트겐슈타인의 견해에 비춰보면 구원론의 언어는 삶의 형식, 곧 삶의 문맥을 통해 의미가 생성되며, 삶과 구원론의 언어는 분리될 수 없기 때문이다. 또한 구원론의 추상적인 정식이 삶의 형식인 이

---

14 박찬국, 「비트겐슈타인: 언어에 대한 성찰」, 『현대철학의 거장들』(철학과현실사, 2005), 212~235쪽.

야기와 사건에서 어떤 의미를 갖는가라는 물음을 통해서만 삶의 문맥에서 삶을 파괴하고 타자를 억압하기 위한 정당화의 도구로 구원론의 언어가 사용되는 것에 저항할 수 있다고 보기 때문이다. 삶의 문맥을 이루는 이야기와 사건에서 구원론의 정식을 끊임없이 묻는 작업을 통해 구원론의 의미를 고양시킬 때라야 삶의 문맥에 따라 왜곡되어 사용되는 구원론의 언어에 저항할 수 있다. 이는 구원론의 의미를 하나로 통일시키기 위한 작업이 아니다. 이는 구원론을 현실에서 빚어지는 이야기와 사건에 결부시킴으로써 삶의 현장에서 진정한 구원론의 의미를 상기하고 이를 통해 집단과 개인의 이익만을 위해 봉사하는 구원론을 와해시키기 위한 작업이다. 말할 수 없는 현실, 언급되지 않는 고통의 자리에 닿을 때까지 구원론은 이야기와 사건에서 구원이 갖는 의미를 끊임없이 되물어야 한다. 그렇지 않으면 예수와 민중이 만나는 사건에서 이루어지는 구원의 서사는 삶에 어떠한 힘도 긴장도 유발하지 않는 "가상의 서사"일 뿐이다.[15] 김기석이 지적한 것처럼 "믿음은 이성적 사유와 그 사유에서부터 행위함과는 상관없이 삶의 모든 문제에 대한 처방"이 되고 "예수는 우리의 죄책을 사해주는 알리바이로 전락"할 것이다.[16] 따라서 여기서는 구원론의 해체를 주장하려는 것이 아니다. 전통 구원론이든지 이를 재해석한 구원론이든

---

[15] '가상의 서사'라는 말은 고종석의 ≪한국일보≫ 연재물 가운데 2009년 1월 12일 자에 로자 룩셈부르크에 관해 쓴 글에서 가져왔다. 이 글의 서두에서 고종석은 티셔츠에 새겨져 자본의 아이콘이 된 체 게바라는 현실에 아무런 위협도 주지 않고 위험하지도 않은 이상주의자들의 데커레이션이 되었으며, 따라서 이제 게바라의 혁명 이야기는 '가상의 서사'가 되었다고 말한다.

[16] 김기석, 「김기석·손석춘과의 대화(6): 하늘의 길은 땅의 길과 이어져 있다」, ≪기독교사상≫, 제626호(2011. 2), 153~154쪽.

지 간에 구원론을 정식으로만 설명했기 때문에 구원론이 현실에서 설득력을 잃었다는 데 문제의식을 두고 있다. 따라서 구원론과 현장을 소통시키기 위해서는 구원론을 추상적인 정식으로 설명하는 '동시에' 구원론 정식이 구체적인 이야기와 사건에서 어떤 의미인지를 묻는 작업을 수행해야 한다. 그래야만 구원론이 삶을 움직이는 힘이 될 수 있기 때문이다.

이 장에서는 구원론의 정식이 이야기와 사건이라는 삶의 한가운데서 어떤 의미인지를 묻는 데 집중하려 한다. 이를 묻기 위해서는 먼저 인간의 삶이 어떻게 변화하고 있으며 그 삶의 이야기와 사건이 어떠한 모습인지에 대한 통찰을 선행해야 한다. 따라서 구원론을 설명하는 방식의 추상성으로 인해 가려진 인간의 구체적인 이야기를 살펴보고 바로 거기서 구원론의 의미를 물으려 한다. 이러한 물음에 필요한 삶의 사건과 이야기를 이해하기 위해서는 인간의 상황을 추상적인 언어가 아닌 구체적인 언어로 표현하는 문학과 대화할 필요가 있다.

바흐친은 소설을 '삶의 실체를 가장 잘 포착해내는 장르'라고 보았는데[17] 소설뿐 아니라 문학 전반이 인간과 인간을 둘러싼 문화와 사회에 대한 이해를 증폭시키는 효과적인 장르라고 할 수 있다. 문학평론가 김현은 다음과 같이 말했다.

문학은 인간을 총체적으로 파악하게 만드는 것이다. 문학은 배고픈 거지를 구하지는 못한다. 그러나 문학은 배고픈 거지가 있다는 것을 추문으

---

17 이종숙, 「왜 바흐친인가?: 소설의 개방성과 민중성」, ≪문학과 사회≫, 제5호(1989년 봄), 190쪽.

로 만들고, 그래서 인간을 억누르는 억압의 정체를 뚜렷하게 보여준다.[18]

이 책의 궁극적인 목적은 구원론을 설명하는 방식으로 인해 구원론에서 타자화된 인간 현실을 드러내는 한편, 이 같은 인간 현실에서 또 다시 타자화된 것들의 상황에서는 구원론이 어떤 의미를 갖는지 물으려는 것이다. 문학은 이 과정에서 인간과 세계에 대한 중요한 통찰을 제공하리라고 본다. 이러한 문학 중에서도 특히 권정생의 '똥 이야기'에 주목하려 한다.

지그문트 바우만Zygmunt Bauman은 이렇게 말했다. "지구화는 인간 쓰레기 또는 쓰레기가 되는 인간의 원천이며, 현재 가장 많은 생산량을 보이면서도 가장 통제되지 않는 '생산라인'이다."[19] 글로벌한 금융자본주의 체제에서 추방당하고 버려진 것이라는 의미에서 쓰레기는 똥이고 똥은 쓰레기라고 말할 수 있다. 똥 이야기를 해석한다는 것은 이 시대가 방기하려 하지만 결코 가려질 수 없는 진실을 드러내는 것이며 새로운 존재론에 대한 전망을 얻는 것이다. 삶의 구체성을 존중하는 작가라고 평가받는 김훈은 "인간은 기본적으로 입과 항문이다"라고 말했다.[20] 또한 문학평론가 신형철은 "똥과 오줌이 억압되면 인간은 추상화되거나 이상화될 것이다"라고 말했다.[21] 똥과 오줌 또는 똥과 오줌으로 상징되는 것은 확실히 존재하면서도 의식의 저편에서 망각된다. 똥과 오줌이 인간의 조건이며 똥오줌으

---

18 김현, 「문학은 무엇을 할 수 있는가」, 『전체에 대한 통찰』(나남, 1990), 123쪽.
19 지그문트 바우만, 『쓰레기가 되는 삶들』, 정일준 옮김(새물결, 2008), 24쪽.
20 신형철, 「속지 않는 자가 방황한다: 김훈 소설의 단상」, 『몰락의 에티카』(문학동네, 2008), 48~49쪽에서 재인용.
21 같은 글, 48쪽.

로 상징되는 것이 엄연히 존재하다는 사실에서부터 통찰을 시작할 때 인간과 세계에 대한 이해는 추상적이지 않을 수 있다. 구원론의 추상적인 정식이 이처럼 적나라한 인간과 그 삶에 대한 이해에서 비롯되는 물음들로 재해석되지 않는다면 이는 인간 존재 및 삶의 새로운 변화와는 상관없는 죽은 언어일 뿐이다.

권정생은 수많은 동화와 산문, 시를 통해 '학대받는 생명에 대한 사랑'을 보여준 작가다.[22] "나의 동화는 슬프지만 절망스럽지는 않다"라고 자신의 동화에 대해 말한 것처럼, 그는 역사의 질곡에서 가족을 잃고 병마와 가난에 시달리면서도 운명에 지지 않고 소외된 것들에 대한 각별한 사랑과 무소유를 실천했다. 권정생은 인간이 이 땅에 뿌리박고 있는 우주 만물과의 관계 맺기를 곡진하게 수행하는 과정에서 인간뿐 아니라 모든 만물이 구원의 빛을 보게 됨을 삶과 작품으로 보여주었다. 그는 이렇게 말했다.

눈으로 보는 하늘은 위에 있지만 뜻으로 보는 하늘은 아래에 있다. 이 땅에 사는 모든 생물은 이 하늘(땅)에 기대어 산다. 그런데 지금까지 종교는 공중에 떠 있는 하늘만 찾아 가르치려 했다. 신학은 인간을 버리고 추상적인 뜬구름을 잡는 데 얼마나 많은 시간을 허비했는가.[23]

이 글에서도 엿볼 수 있듯이 그는 인간의 삶을 통해 신을 만나고 신을

---

22 이오덕이 권정생의 작품에 대해 쓴 글이다. 이오덕, 「학대 받는 생명에 대한 사랑」, 권정생, 『강아지똥』(세종문화사, 1974).

23 권정생, 『우리들의 하느님』(녹색평론사, 1996), 105쪽.

보려 했던 사람이다. 이원론으로 분리된 세계관이 아니라 하늘과 땅이 순환하며 만물이 유기적으로 연관되어 있다는 세계관을 지녔던 것이다.

권정생의 첫 작품 「강아지똥」은 1969년에 발표되었다. 이오덕은, 동화라면 천사 같은 아이들과 무지개 같은 세상을 묘사하는 것이 상식이던 당시 풍토에서 권정생의 똥 이야기는 충격이고 이변이었다고 평가했다.[24] 첫 작품뿐 아니라 마지막 작품인 『랑랑별 때때롱』에서도 똥오줌은 중요한 상징으로 등장한다. 다시 신형철을 인용하자면, "똥오줌은 주체의 의지에 아랑곳하지 않고 밀려나오기 때문에 슬프다".[25] 그러나 나는 똥오줌이 자신의 의지에 아랑곳없이 주체로 일컬어지는 것들에 의해 밀려나오기 때문에 슬프다. 권정생의 똥 이야기에서 똥의 의미는 죽음과 무용지용, 부활, 민중의 자기 초월성, 땅의 회복이라는 생태적 의미와 삶의 비극성을 견뎌내고 뒤엎어버리는 웃음 등으로 확장되어 읽힌다. 똥의 개념은 권정생의 똥 이야기를 통해 확장되고 새로운 이해를 낳는 것이다. 똥의 개념은 똥 이야기와 똥 사건을 통해 의미의 진동을 넓혀나가 똥에 대한 또 다른 개념으로 전이되거나 일반적이고 통념적인 똥 개념을 전복시킨다. 그의 작품 곳곳에 나타나는 똥 이야기는 '구체적인 인간 현실'을 드러내는 극명한 상징이다. 따라서 이 장에서 문제로 제기한, 구원론을 설명하는 방식의 추상화로 인해 지워지고 만 인간 삶의 이야기를 드러내는 데 유효할 것이다. 이를 바탕으로 2부에서는 분석심리학, 신화, 생태의 영역에 나타나는 똥 이야기의 다성음polyphony을 살펴봄으로써 시대와 인간 삶

---

24 이오덕, 「학대 받는 생명에 대한 사랑」, 266쪽.
25 신형철, 「속지 않는 자가 방황한다」, 48쪽.

에 대한 성찰이 신학에 어떤 의미를 지니는지를 물으려 한다.

무엇보다도 이러한 물음을 밀고나간 끝에 나의 구원이 보이기를 바란다. 누군가는 이렇게 말했다. "님을 사랑하는가? 님은 그대의 그림자다"라고. 나는 이 말을 '오로지 인간인 나를 통과하거나 관통해야만 하느'님'을 볼 수 있다'라는 의미로 받아들인다. 미천하고 하잘것없는 나는 똥이다. 바로 여기서 멈춰 서서 오래 응시하고 싶다. 그런 후에야 '똥 속의 하늘'이라는 말의 뜻이 나의 것이기도 하고 너의 것이기도 하다고 말할 수 있을 것이다. 여기서 '하늘'이란 물리적 위아래와 하등 상관없는 삶의 방향이거나, 적어도 그것에 근접한 의미일 것이다. 그러므로 님에게 가는 길과 진정한 나를 찾아가는 길, 똥 무더기로 향해 가는 길은 하나의 길이다. 똥오줌과 똥오줌으로 상징되는 것, 타자화된 것의 '육체성'으로 육박해가는 것은 나 자신에게 간단없이 가는 것이기 때문이다.[26] 신학이 인간과 인간 사이의 관계에서 출발해야만 정직성을 획득할 수 있듯이 모든 공부는 비록 서투르고 남루하더라도 자신으로부터 발원해 나아가야 한다.

•• 권정생의 똥 이야기에 관한 글

이 책은 문학과 신학의 대화로서, 특히 권정생의 문학에 나타난 똥 이야

---

[26] 여기서 '육체성'이라는 표현은, 성서에서 말씀이 '육신'이 되었다고 한 것처럼 영혼과 육신으로 구분되지 않는 '전체로서의 인간', 추상적이 아닌 '구체적인 살아 있음'을 가리키기 위해 사용한 것이다.

기에 주목하며, 그의 똥 이야기와 또 다른 똥 이야기가 만나 엮이는 과정에서 드러나는 인간과 삶에 대한 통찰이 신학적으로 어떤 의미를 갖는지를 탐색하는 작업이다. 이를 위해 먼저 권정생 문학의 똥 이야기에 대한 성찰이 어떻게 진행되고 있는지를 살펴보려 한다.

권정생의 문학 작품 가운데 똥 이야기만 다룬 글은 조은숙의 글과 김도균의 짧은 글을 제외하면 거의 없다고 할 수 있다. 더욱이 권정생의 똥 이야기를 문학이 아닌 다양한 분야에서 똥이 드러내는 의미와 연결지어 해석한 글은 더욱 찾아보기 힘들다. 권정생의 문학은 자신이 겪은 질병과 가난, 역사와 사회의 상황이 빚어낸 고통과 기독교 사상이 맞물려서 창작된 것으로, 그의 작품 전체에는 기독교 사상이 깃들어 있다고 볼 수 있다. 따라서 다음에서는 권정생 문학의 똥 이야기를 부분적으로 또는 전체적으로 다룬 몇 편의 글을 통해 그의 문학에서 기독교 사상과 그 밖의 의미가 어떻게 나타나는지를 살펴보려 한다.

조은숙은 「한국 아동문학의 형성과정과 연구」, 「식민지 시기 동화회童話會 연구」 등의 논문을 쓴 어린이문학평론가다. 조은숙은 권정생의 첫 작품이 「강아지똥」이며,[27] 똥과 같은 오물은 권정생 문학의 "철학적·미학적 토양을 기름지게 하는 밑거름" 역할을 한다고 본다.[28] 조은숙은, 아이들은 '똥' 자체보다 '똥 이야기'에 매료되는데 그 이유는 똥 이야기가 "인간의 욕망과 환상, 가치를 뒤집고 금기를 위반하는 노골적인 유머, 쉬우면서도 근

---

27 「강아지똥」은 1969년 ≪기독교 교육≫ 6월호에 발표된 권정생의 첫 번째 작품으로, ≪기독교 교육≫이 주관한 아동문학상에 당선되었다. 이후 1996년 그림책으로 각색되었다(정승각 그림, 길벗어린이).

28 조은숙, 「권정생의 '똥'이야기」, ≪어린이와 문학≫, 제24권(2007. 7), 45~65쪽.

본적인 성찰을 담고 있는 명쾌한 철학"을 드러내기 때문이라고 본다.[29]

조은숙은 각색되기 이전의 「강아지똥」을 해석하면서[30] 이제까지 주로 '쓸모없는' 강아지똥이 꽃을 피우는 이야기로만 해석되어온 한계를 짚어낸다. 그는 강아지똥이 '영원한 불빛'인 '별'을 향한 갈망을 품었기에 꽃을 피웠다고 보면서, 강아지똥으로부터 모성적 희생으로 존재의 한계를 극복하고 '죽음으로써 산다'라는 종교적 역설, 즉 '초월'의 의미를 읽어냈다. 또한 『밥데기 죽데기』[31]를 비롯한 똥 이야기에서는 똥이 기존의 가치질서를 뒤엎는 전복적인 역할을 하며, 『랑랑별 때때롱』[32]에서는 똥을 통해 황폐화된 자연을 회복하고 치유하는 생태적 의미가 드러난다고 분석한다.[33]

조은숙은 강아지똥을 '희생'이라는 주제로 인식할 경우 똥과 같이 더럽고 쓸모없는 것이 꽃처럼 아름다운 것을 위해 전 존재를 내어준다는 '희생 이데올로기'가 될 수도 있으므로 경계할 필요가 있다고 주장한다.[34] 이는 현실의 수많은 존재가 여전히 남성 이데올로기에 희생당하고 있으므로 권력과 담론의 관계에서 보면 일방적인 희생을 주제로 하는 해석은 부당한 지배 권력을 도모할 수 있다는 사실을 감안할 때 타당한 지적이다.

조은숙은 권정생이 평생의 화두로 삼은 똥 이야기에 다시금 관심을 기

---

29 같은 글, 64쪽.

30 권정생의 「강아지똥」이 지금과 같은 베스트셀러가 되는 데 결정적인 역할을 한 것은 1996년에 출간된 그림책의 역할이 크다. 이 그림책에는 원래 글 가운데 '별'이 나오는 대목이 삭제되어 있다.

31 권정생, 『밥데기 죽데기』(바오로딸, 1999).

32 권정생, 『랑랑별 때때롱』(보리, 2008).

33 조은숙, 「권정생의 '똥'이야기」, 62쪽.

34 같은 글, 64쪽.

울일 필요가 있다고 주장한다. 조은숙의 이런 태도는 자신의 말처럼 "권정생의 똥 이야기에 대한 반응이 무뎌져가고 있는 시점"에서 권정생의 똥 이야기에 대한 주의를 환기시킨다고 할 수 있다.[35] 조은숙은 자신의 또 다른 글에서 '권정생'이 아니라 '권정생 담론'의 문제점을 짚어낸다.[36] 즉, 이제까지 권정생 담론은 작가의 삶과 문학의 일치에 대한 전적인 신뢰를 바탕으로 이뤄졌기 때문에 작품에 대한 새로운 해석과 생산적인 담론이 형성되지 않고 있다고 주장한다. 문학은 삶에서 나오는 것이지만 삶이 곧 문학일 수는 없다. 권정생의 작품에 대한 평가가 긍정적인 찬사 일색인 현 상황을 비춰볼 때 이러한 조은숙의 비판은 의미 있다고 여겨진다.[37]

그러나 조은숙은 권정생의 『밥데기 죽데기』에 나타나는 뒷간 철학에는 정치적·역사적 현실에 대한 비판정신이 담겨 있다고 분석하는데,[38] 이러한 비판정신이 지금 이 시대의 구체적인 상황과 연결되어 어떤 의미를 갖는지에 대해서는 언급하지 않는다. 똥 이야기에 담긴 비판정신을 이 시대가 직면한 문제와 구체적으로 결부시켜 바라보지는 않는 것이다.

---

[35] 앞에서 언급했듯이 「강아지똥」이 발표될 당시 동화에 똥이라는 소재가 등장한 것은 이변이자 충격으로 받아들여졌다. 그러나 지금은 똥을 소재로 한 동화가 아동을 대상으로 폭넓게 소비되고 있다. 따라서 권정생의 문학 곳곳에 나타나는 똥이 이들과 어떻게 차별화되거나 또는 연결되는지 새롭게 조명할 필요가 있다. 그러나 현재 이러한 작업은 거의 진행되지 않고 있다.

[36] 조은숙, 「새로 시작되는 질문」, 『권정생의 삶과 문학』(창비, 2008), 268~274쪽.

[37] 권정생 문학에 대한 비판적 읽기로는 선안나의 「『몽실언니』의 페미니즘적 분석」, 김현숙의 「또야는 친구들을 기다린다」 등이 있긴 하지만 그리 많지 않으며, 이제 시작하는 단계라 할 수 있다. 선안나와 김현숙의 글은 『권정생의 삶과 문학』에 실려 있다.

[38] 조은숙, 「권정생의 '똥' 이야기」, 62쪽.

조은숙이 똥 이야기에 대한 글에서 구체적인 역사와 정치적 맥락을 언급하지 않는 것은 두 가지 이유 때문이라고 추측할 수 있다. 첫째, 똥 이야기의 대상은 "고상하고 점잖은 어른"이 아니라 아이들이라고 보기 때문이다.[39] 따라서 이는 조은숙의 글이 지닌 한계라기보다는 아이가 독자일 때와 어른이 독자일 때 해석의 범위가 달라질 수밖에 없는 데서 비롯되는 결과라고 할 수 있다.

그러나 『세계 아동문학 사전』에서는 아동문학을 "작가가 아동이나 동심을 가진 성인에게 읽힐 목적으로 쓴 모든 저작"이라고 정의하고 있다.[40] 천연희는 권정생이 자신의 동화를 어린이뿐 아니라 어른을 위해서도 썼다고 주장한다.[41] 또한 대부분의 아동문학은 환상동화이며, 이 환상동화의 뿌리인 신화, 전설, 민담은 어린이와 어른이 함께 즐기는 문학 형식이었다.[42] 최근에는 이민자들을 위한 동화 읽기 프로그램과 어른을 대상으로 하는 독서 치료가 진행되고 있으며, 어른들의 동화 읽기 모임도 활발한 추세다.[43]

잭 자이프스Jack Zipes는 "동화는 문명화 과정을 따르는 동시에 전복한

39　같은 글, 64쪽.

40　천연희, 「권정생과 조지 맥도널드 비교 연구: 죽음을 넘어선 삶」, 《세계문학비교연구》, 제18호(2007. 3), 160쪽에서 재인용.

41　같은 글, 164쪽.

42　같은 글, 60쪽.

43　동화 읽기 프로그램은 다문화 여성의 정서적 안정과 자신감 형성, 문화적 소통에 긍정적인 결과를 가져오기도 한다. 여기에 관해서는 다음을 참조할 것. 이현실·최세민·이형선, 「그림 동화책 읽기 프로그램을 통한 다문화 여성의 자신감 분석」, 《한국 비블리아 학회지》, 제4호(2011. 12).

다"라고 했다.[44] 동화는 사람들을 문명에 순응시키는 도구가 될 수도 있고 동시에 문명화 과정에 수반되는 정치와 윤리에 문제를 제기하고 비판하는 기능을 할 수도 있다. 동화가 지닌 이러한 특성은 동화가 비판적으로 수용되어야 하며 동화의 수용에 어른의 역할이 중요하다는 사실을 말해 준다. 따라서 어린이뿐 아니라 어른까지 대상으로 하는 다양한 해석이 나와야 할 것이다.

둘째, 조은숙이 다른 글에서도 언급했듯이, 「강아지똥」에 역사적 의미를 "관성적으로 대입"하는 것과 똥의 의미를 "텍스트 내의 서사적 흐름의 바깥에서 찾는 것"에 대한 비판적 시각과 문제의식에 기인한다.[45] 조은숙의 이러한 시각은 다음과 같은 글에서 잘 확인할 수 있다.

　　　이런 방식들은 텍스트의 복잡하고 구체적인 서술 상황을 재빨리 통과해 텍스트 심층(또는 바깥)의 추상적 의미를 채취하고 이를 개념화하는 것이라는 생각을 부추길 위험이 있다.[46]

이러한 그의 주장은 타당하기는 하지만 일면적인 진실만 담고 있는 것으로 보인다. 여기서 말하는 일면적인 진실이란, 강아지똥에 역사적 의미

44　잭 자이프스, 『동화의 정체』, 김정아 옮김(문학동네, 2008), 6쪽.
45　조은숙, 「'마음'을 가르친다는 것: 동화 「강아지똥」의 알레고리적 독해의 문제점」, ≪문학교육학≫, 제22호(2007), 89~116쪽. 이 글에서 조은숙은 권정생의 똥 이야기에 대한 관성적인 알레고리적 독법을 비판하고, 각색되거나 축약된 텍스트들이 특정한 반복적 해석만 재생산하고 있음을 지적한다.
46　같은 글, 99쪽.

를 관성적으로 대입하면 해석의 틀에 갇히기 쉬우며 폭넓은 이해를 방해한다는 점, 텍스트를 텍스트 밖의 현실과 성급하게 연결시킬 경우 오히려 텍스트 내의 상황을 정밀하게 읽는 데 소홀할 수 있다는 점에서는 일리가 있음을 의미한다.

그러나 참된 독서란 결국 텍스트 '안'에 대한 이해와 자신의 일상적 삶을 구성하는 텍스트 '밖'을 연관시키는 실천적 행위를 동반해야 한다. 또한 텍스트 안에 대한 이해는 읽는 이가 살아가는 역사와 사회라는 밖과 필연적으로 긴밀하게 연결될 수밖에 없다. 왜냐하면 독서 행위는 텍스트 안의 상황과 텍스트 밖에서 역사와 사회라는 현실을 살고 있는 독자의 상황이 부딪히고 공감하면서 이루어지며, 독서 행위를 시작하는 순간 이미 텍스트 안과 독자라는 텍스트 밖은 섞이고 분리 불가능한 차원에서 이해가 형성되기 때문이다. 따라서 권정생 문학의 똥 이야기는 사회적·정치적 상황에서 똥이 지니는 의미와 긴밀하게 연관될 수밖에 없으므로 똥 이야기에 대한 해석도 이러한 연관성하에 이루어질 필요가 있다.

조은숙이 권정생의 똥 이야기에 주목하고 이를 성찰함으로써 권정생 문학에서의 '똥'의 중요성을 환기시킨 것은 의미 있는 작업이라고 여기기 때문에 다른 연구자들에 비해 길게 언급했다. 그는 현재 진행되는 권정생 담론이 오히려 권정생 문학 읽기를 제한할 수도 있다는 사실을 지적하고 있으므로 권정생 문학에 대한 해석이 더욱 유연하게 전개되는 데 일조할 것으로 여겨진다.

그러나 앞에서 주장한 것처럼 권정생의 똥 이야기에 대한 해석이 좀 더 다양하게 전개되고 현실성을 얻기 위해서는 텍스트의 안과 밖을 분리해서는 안 되며 권정생이 쓴 똥 이야기의 독자를 어른까지로 확장해서 살펴

볼 필요가 있다. 따라서 이 책에서는 권정생의 똥 이야기를 텍스트 안에서만 읽어내는 것에 머물지 않고 텍스트 밖의 분석심리학, 신화, 생태의 현실에서 나타나는 똥 이야기들과 교차하는 지점을 성찰하고 대상을 어른으로 확장해서 읽어나감으로써 더욱 구체적이고 심화된 인간 현실에 대한 지평과 이해를 확보하려 한다. 또한 조은숙이 똥 이야기에 역사와 정치의 비판정신이 담겨 있다고 언급하는 데 그쳤다면, 이 책에서는 권정생의 똥 이야기에 나타난 역사적·정치적 비판정신이 현실의 역사적·정치적 문제와 구체적으로 어떻게 연결되어 그 의미의 진동을 넓혀나가는지를 고찰하려 한다.

　김상욱은 『시의 길을 여는 새벽별 하나』, 『시의 숲에서 세상을 읽다』, 『소설교육의 방법 연구』 등을 쓴 문학평론가다. 그는 권정생 동화의 중요한 특징은 등장하는 인물들이 현실의 고통과 대면하는 태도에서 나타난다고 분석한다. 김상욱은 그 인물들이 성서의 이사야서 53장에 묘사된 "수난받는 자들의 메시아적 면모"를 지니며 현실에 맞서 투쟁하기보다는 현실의 질고를 수긍하고 초월한다고 본다.[47] 또한 「강아지똥」에서 강아지똥은 눈물겨운 사랑으로 스스로 희생을 선택하고 "낮은 곳에서 시작되는 부활"과 "새롭게 부활하는 영혼의 아름다움"을 보여준다고 말한다.[48]

　이재복은 『우리 동화 바로 읽기』, 『판타지 동화의 세계』 등을 쓴 어린

47　김상욱, 「권정생 동시의 세 가지 양상」, ≪창비어린이≫, 제11호(2005. 12), 30~52쪽. 이 글은 권정생의 동시를 다루지만, 둘째 단락과 넷째 단락에서는 권정생의 동화를 다룬다.

48　김상욱, 「낮은 곳에서의 흐느낌」, 『숲에서 어린이에게 길을 묻다』(창비, 2002), 166~182쪽.

이문학평론가다. 그는 권정생이 「똘배가 보고 온 달나라」를 통해 썩어가는 죽음만이 존재하는 시궁창 같은 세계를 귀한 영혼이 스며 있는 세상의 한 귀퉁이로 보았다고 말한다.[49] 이 작품에서 권정생은 환상세계로 도피하는 대신 환상세계에서 돌아와 '고통과 정면으로 맞서는' 모습을 보여준다는 것이다. 또한 「강아지똥」을 포함해 권정생의 거의 모든 동화는 '나를 죽여 남을 살리고 결국 자신이 영원히 사는 그리스도의 삶'에 기초한다고 보았다.

김상욱과 이재복 두 사람은 모두 권정생의 동화에 나타나는 '고통과 대면하는 태도'를 눈여겨보았다. 김상욱은 동화의 인물들이 '고통을 수긍하고' 초월하는 방식으로 고통을 대면한다고 본 데 비해 이재복은 주인공 똘배가 '고통을 정면으로 맞서고' 있다고 봄으로써 차이를 드러낸다. 그럼에도 김상욱과 이재복은 권정생의 「강아지똥」에서 '죽음이라는 희생을 통한 부활 또는 재생'을 읽어낸다는 점에서 해석의 지평이 같다고 볼 수 있다.

원종찬은 『아동문학과 비평정신』, 『한국 아동문학의 쟁점』 등의 평론집을 펴낸 어린이문학평론가다. 그는 「강아지똥」에서 강아지똥이 식민지와 전쟁이라는 수난의 역사로 인해 고통받은 작가의 분신이자 민중을 상징한다고 보고 있다.[50] 또한 한스 안데르센Hans Andersen의 『미운 오리 새

---

49   이재복, 「시궁창도 귀한 영혼이 숨쉬는 삶의 한 귀퉁이」, 『우리 동화 바로 읽기』(소년한길, 1995), 287쪽. 「똘배가 보고 온 달나라」에는 똥이나 오줌이 아니라 시궁창에 버려진 똘배가 등장하지만, 시궁창 또한 오물이라는 범주에 속하므로 권정생의 작품에서 다뤄진 똥과 같은 폭의 상징성을 지닌다고 여겨 권정생의 똥 이야기에 포함시켰다.

끼』와 「강아지똥」을 비교하면서, 안데르센 동화에서는 오리는 열등하고 백조는 우월하다는 식의 존재의 차별과 대립이 드러나지만 「강아지똥」은 이를 넘어선다고 평가한다. 원종찬이 더 이상 언급하지는 않았지만, 그의 해석을 부연하면 안데르센의 동화에서는 오리는 오리로서가 아니라 백조로서만 존재의 의미와 가치를 가진다. 그 때문에 『미운 오리 새끼』는 오리와 백조 간의 차별과 대립을 상정하고 전개되는 이야기다. 이에 비해 권정생의 「강아지똥」에 등장하는 강아지똥은 별과 같은 꽃이 되려는 소망 때문에 민들레의 거름이 되었고, 민들레는 거름이 있어야만 꽃을 피울 수 있기 때문에 똥이 필요했다. 똥과 민들레는 서로의 필요를 충족시켜주는 상호 의존적인 동등한 관계로, 서로 도움으로써 함께 꽃을 피워내는 상생의 세계를 보여준다. 이것이 안데르센의 『미운 오리 새끼』와 권정생의 「강아지똥」이 구별되는 지점이다.

원종찬은 안데르센의 『미운 오리 새끼』는 인간의 심리적 특성에 초점을 맞추고 있는 반면, 「강아지똥」은 사회성과 역사성을 포함하고 있으나 "강아지똥이 녹아 민들레에게 스며들듯이 자연스러워 드러나지는 않는"다고 주장한다. 그러나 원종찬의 관점을 따르면 안데르센의 『미운 오리 새끼』에도 신분제가 확고했던 당대의 역사적·사회적 현실이 담겨 있지만 자연스러워 드러나지 않는다고 할 수 있다. 따라서 드러나지 않는 역사성과 사회성을 들어 권정생의 동화가 안데르센의 동화와 구별된다고 보기는 어렵다. 원종찬은 「강아지똥」에 포함되어 있다고 주장하는 사회성과 역사성이 무엇이며 어떤 방식으로 담겨 있는지를 좀 더 구체적으로 언급

---

50 원종찬, 「속죄양 권정생」, 『권정생의 삶과 문학』(창비, 2008), 95~124쪽.

했어야 한다. 그래야만 그가 안데르센의 『미운 오리 새끼』와 구별되는 지점이라고 지적한 권정생의 「강아지똥」에 담긴 역사성과 사회성이 확실히 드러날 수 있다.

엄혜숙은 어린이 책을 기획·집필·번역·비평하는 어린이문학연구자다. 그는 권정생이 다른 동화작가들과 다른 이유는, 권정생의 작품에는 역사와 사회에 대한 비판, 그리고 기성 기독교에 대한 비판이 동시에 포함되어 있기 때문이라고 분석한다.[51] 엄혜숙은 권정생의 동화 전체를 조망하면서 권정생의 동화를 관통하는 주제가 죽음이라고 강조한다. 그는 「강아지똥」에서 강아지똥은 민들레나 별 같은 타자와 관계를 맺음으로써 개체의 죽음을 넘어 존재의 확장과 영원성을 얻는데, 이러한 강아지똥의 죽음은 예수의 죽음과 중첩된다고 본다. 「강아지똥」과 「똘배가 보고 온 달나라」 등에서 나타나는 것처럼 죽음의 실존을 자각하고 기꺼이 죽음을 감내하는 자기결단은 키르케고르의 기독교 실존주의와 닿아 있다고 분석하기도 한다.[52] 엄혜숙은 권정생의 후기 작품인 『밥데기 죽데기』에서는 똥이 사람의 마음과 전쟁 무기를 녹이는 힘을 발휘하기 때문에 '똥이 평화가 되는' 이야기이며, 『랑랑별 때때롱』에서는 똥과 방귀가 억압적인 인간과 사회를 풍자하고 해체하는 역할을 하고 있다고 본다.[53] 엄혜숙은 권정생의 똥 이야기들이 각각 조금씩 다른 의미를 품고 있기는 하지만 전체를 관통하는 의미는 무가치한 존재가 가치 있는 존재로 '전복'되는 것이라

51   엄혜숙, 「권정생 문학 연구」(인하대학교 박사학위논문, 2011), 102~147쪽.
52   같은 글, 21~57쪽.
53   같은 글, 142쪽.

고 주장한다.[54]

엄혜숙의 글은 기존 연구들과 달리 동시와 산문을 제외한 권정생의 동화 전체를 성찰함으로써 동화의 내용과 형식, 그리고 권정생의 생애와 사상을 유기적인 연관성하에 바라보는 성과를 거두었다.[55]

엄혜숙의 글은 죽음을 주제로 권정생의 동화 전체를 조망하는 데 비중을 두고 있기 때문에 똥 이야기는 초기와 후기라는 카테고리 안에서 문학의 미학적 형식을 다루면서 부분적으로 언급되고 있다. 그 때문에 엄혜숙의 논문을 통틀어 볼 때 권정생의 똥 이야기가 심도 있게 성찰되지는 않는다. 엄혜숙은 권정생의 똥 이야기가 '똥이 꽃이 되는 세계'라고 보고 있다. 그러면서도 "키르케고르와 권정생은 '성서에 근거해' '육체'의 죽음이야말로 진정한 삶, 즉 아름다운 '영혼'의 삶을 가능하게 하는 조건이라고 말하고 있다"라고 주장한다. 또한 "영혼과 육체를 나누어 생각하는 표현은 권정생의 기독교 사상을 단적으로 드러내는 부분"이라고 말하고 있다.[56] 그러나 권정생의 '똥이 꽃이 되는 세계'는 똥과 꽃을 하나라고 봄으로써 육체와 영혼, 물질과 정신을 분리하는 이원론을 넘어선 것이라 할 수 있다. 더욱이 영육이원론을 내세워 현세의 삶을 소외시키고 있는 기성 기독교에 비판적이었던 권정생이 성서에서 영육이원론의 근거를 가져왔

---

54 같은 글, 152~160쪽.
55 엄혜숙은 권정생의 서사문학을 동화, 소년소설, 소설과 판타지 등 대상 연령과 형식의 특성에 따라 구분한다(같은 글, 21~22쪽). 그러나 이 글에서는 어른 독자의 눈으로 본 똥의 의미에 중점을 두기 때문에 권정생의 동화, 소년소설, 판타지를 모두 동화로 지칭했다.
56 같은 글, 31쪽.

다고 말하는 것은 해석의 모순이라고 볼 수 있다. 권정생의 사상은 영육이원론을 철저히 비판하는 입장이었으며 성서의 세계관 또한 영육이원론이라고 볼 수는 없기 때문이다.[57]

엄혜숙의 똥 이야기에 관한 해석은 「강아지똥」에 나오는 죽음으로부터 재생과 부활을 통한 종교적 역설을 설명하는 조은숙, 김상욱, 이재복과 같은 논의선상에 있다. 또한 '죽음이라는 극한 상황에 절망하지 않고 고통을 끌어안는 모습'에서 '예수의 죽음'을 보는 것은[58] 김상욱, 이재복과 같은 입장이므로 그들과 뚜렷한 차이를 드러내지는 않는다. 강아지똥이 별을 품음으로써 영원성을 얻는다고 본 것은 조은숙이 강아지똥이 영원한 별을 향한 갈망으로 꽃을 피운 것이라고 주장한 것과 같은 관점이라고 할 수 있다. 『밥데기 죽데기』와 『랑랑별 때때롱』의 똥오줌과 방귀가 등장하는 부분에서 '전복'의 의미를 읽어내는 것 또한 조은숙과 동일한 시각이라고 할 수 있다.[59] 엄혜숙은 권정생의 동화 전체에 역사와 사회에 대한 비판 및 기성 기독교에 대한 비판이 담겨 있다고 하면서도, 앞에서 살펴본 조은숙, 김상욱, 원종찬과 마찬가지로 똥 이야기에, 특히 「강아지똥」에 나타난 역사적·사회적 비판의식이 구체적으로 무엇이며 이러한 비판이 당대의 역사적·사회적 문제에 어떤 의미를 갖는지는 언급하지 않는다.

---

57   권정생의 사상은 이원론을 넘어선다고 할 수 있다. 여기에 관해서는 권정생, 『우리들의 하느님』을 참조할 수 있다. 그중 하나를 예로 들면, 『우리들의 하느님』 57쪽에서는 "빵과 목숨은 하나다"라고 하는데, 이는 물질과 정신을 분리할 수 없다고 보는 관점에서 나온 표현이라고 할 수 있다.
58   엄혜숙, 「권정생 문학 연구」, 40쪽.
59   엄혜숙은 권정생 문학에 등장하는 모든 인물이 전복성을 지니고 있다고 본다. 같은 글, 152쪽.

그러나 이것은 엄혜숙의 한계라기보다는 그의 논문이 권정생의 삶과 사상, 문학의 내용과 형식 등을 총체적으로 조망하는 데 목적을 두었기 때문인 것으로 보인다.

현직 교사이자 「교사 대 아이, 동화는 누구 편에 서 있나」라는 글을 쓴 김도균은 권정생에게 똥과 오줌을 감추려고만 하는 세상은 사람이 살 만한 세상이 아니며 똥을 싸는 행위는 오염되지 않는 참된 세계로 돌아가는 것을 의미한다고 본다.[60] 그는 권정생에게 똥과 같이 되는 것은 세상을 바로 알기 위해 반드시 살아내야 하는 밑바닥 삶을 의미하며 아름답고 깨끗한 세상을 위해 치러내야 하는 '씻김굿'이었다고 분석한다. 김도균은 조은숙과 함께 권정생 문학에 나타나는 똥 이야기의 중요성을 인식하고 '똥 이야기만' 다룬 글을 썼지만 다섯 쪽 정도로 간략하게 성찰하고 있다. 앞에서 언급한 연구자들과 마찬가지로, 그는 권정생 작품에 나타난 똥의 의미가 '더럽고 오염된 세계를 향한 씻김굿'이라고 말하지만 지금 시대에 그 똥이 어른과 어린이를 억압하는 '오염된' 문제를 어떻게 씻어낼 수 있는지를 말하는 데까지는 나아가지 않았다.

•• 똥 이야기에 드러난 삶과 구원의 의미를 찾아서

권정생은 삶과 문학이 일치하는 전범을 보여줌으로써 아동문학계뿐만 아니라 그의 글을 읽는 사람들에게도 기쁨을 준 작가다. 그러나 조은숙은

---

60   김도균, 「똥의 미학, 미완의 어린이문학」, 《나비》, 권정생 특집(2012. 6).

자신의 글 「새롭게 제기되는 질문」에서 권정생의 삶과 문학이 모범의 전형으로 비춰짐으로써 오히려 사람들이 그의 작품을 대하는 태도가 진부해지고 있다고 지적한다. 그 진부함은 똥 이야기에 대한 태도에서도 나타난다. 앞에서 살펴본 것처럼 권정생의 똥 이야기에 대한 해석이 자연적이고 오염되지 않은 순수한 세계, 전복, 무용지용, 죽음의 재생, 고통의 현실과 대면하는 태도 등 몇 가지로 한정된다는 점에서 그러하다. 똥 이야기에 대한 해석이 몇 개의 주제 안에서 반복적으로 맴돌고 있는 것이다. 수전 손택Susan Sontag의 말처럼 우리가 예술 작품을 읽는 것은 특정한 경험을 얻기 위함이지, 해답을 얻기 위함이 아니다.[61] 그러나 이러한 '특정한 경험'은 우리의 삶과 연동되면서 일어날 수밖에 없다. 앞에서 살펴본 글에서 연구자들은 권정생의 똥 이야기에 역사와 사회에 대한 비판이 담겨 있다고 말하고 있지만, 이러한 비판이 이 시대의 문제들과 결부되어 또다시 어떤 의미를 생산할 수 있는지에 대한 고민이나 물음은 없다. 똥 이야기가 어디쯤에서 어떻게 당대의 삶과 조우하고 합류하는지에 관해 구체적으로 이야기하지 않고 있는 것이다. 인간은 역사적·사회적 상황 속에서 살아가는 존재이기 때문에 텍스트를 해석할 때 텍스트에서 드러나는 역사적·사회적 비판의식이 해석자가 살아가는 당대의 역사적이고 사회적인 상황과 연결되는 것을 피할 수 없다. 따라서 나는 신학을 하는 입장에서 권정생의 똥 이야기에 대해 텍스트 안과 밖의 현실이 긴밀하게 관련되어 읽히는 지점을 살펴보려 한다. 권정생 문학의 똥 이야기가 분석심리학, 신화, 생태 등 삶을 둘러싼 다양한 영역에서 드러나는 똥 이야기들과

61   수전 손택, 『해석에 반대한다』, 이민아 옮김(이후, 2002), 25쪽.

만난다면 인간의 정신뿐 아니라 인간의 사회와 문화까지 성찰할 수 있는 더욱 풍요로운 시각을 제공할 것이라고 보기 때문이다.

또한 이제까지 권정생의 똥 이야기를 다룬 글에서 나타난 종교적 함의가 본격적인 신학적 성찰이 될 수는 없다고 본다. 지면을 얼마나 할애했느냐가 성찰의 깊이를 가늠하는 기준이 될 수는 없다. 그러나 앞에서 살펴본 연구들에서 똥 이야기에 대한 종교적 언급은 대개 몇 개의 어휘나 한 줄 또는 서너 줄에 불과하며, 길어야 한두 장 정도에서 끝난다. 더욱이 똥 이야기에 대한 종교적 의미를 부분적으로 살피고 있기 때문에 똥 이야기 전체를 종교적으로 성찰한 글은 없다. 이는 권정생의 똥 이야기를 성찰한 연구자들의 한계라기보다는 문학과 신학이라는 각각의 장르에 따라 권정생의 작품을 해석하면서 추구하는 의미와 목적이 다른 데서 비롯된 것이다. 글을 쓴 사람들은 대부분 아동문학 또는 문학 관련자로, 종교적 성찰을 목적으로 권정생의 똥 이야기를 연구한 것이 아니기 때문이다. 그러나 권정생이 기성 기독교에 비판적인 기독인이었고 그의 작품 전체에 기독교 사상이 깃들어 있다고 볼 때 그의 작품에 드러난 깊이 있는 종교적 사상에 관한 성찰은 앞으로 신학적 과제로 삼아야 한다.

2
권정생의 생애

작가의 생애는 자신이 쓴 글을 통해 잘 드러날 수 있다. 따라서 이 장에서
는 권정생이 쓴 글 — 동화뿐 아니라 편지글과 산문까지 — 을 중심으로 권정
생의 생애를 성찰하려 한다.

•• 어린 시절, 삶에 새겨진 가난과 형, 예수와 동화

권정생(1937~2007)은 1937년 일본 도쿄의 빈민가인 시부야渋谷 혼마치本町
에 있는 헌옷장수 집 뒷방에서 2녀 5남 중 여섯째로 태어났다. 권정생이
태어나기 한 해 전 그의 가족은 먼저 일본으로 건너간 아버지를 찾아 떠
나는 과정에서 여권이 네 장밖에 나오지 않아 맏형과 둘째 형은 한국에
남게 된다. 그중 둘째 형은 한센병을 앓는 삼촌과 함께 산속에 숨어 살던

할머니에게 맡겨지지만 권정생이 태어나 첫 돌이 채 되기도 전에 "고독과 굶주림을 이기지 못하고" 죽고 만다.[1] 항상 아들을 그리워하고 서러워한 어머니를 통해 깨닫고 느낀 형의 죽음은 권정생이 평생토록 보이는 것 너머의 세계를 바라보고 성찰하는 계기가 되었다.

나는 이때부터 자장가 대신 어머니의 구슬픈 타령을 들으면서 자랐다. 슬픈 타령과 함께 항상 젖어 있는 어머니의 눈동자는 나의 성격 형성기에 가장 많은 영향을 끼쳤음을 부인하지 못한다. 내가 사물을 어느 정도 분별하게 되고부터 목생 형님의 형상이 점점 머리에 뚜렷이 부각되기 시작했다. (중략) 목생 형님은 어느 봉우리 위에 한 그루 소나무가 되어 늘 푸른 잎을 피우며 서 있을 게다. 일제의 무자비한 침략과 못난 조상들의 잘못으로도 죄 없는 한 어린 소년의 넋마저 빼앗지는 못했을 것이다. 얼굴 한 번 보지 못한 형님, 그러나 그 만남이 없으므로 말미암아 더 귀중한 형님을 만나보게 된지도 모른다. 역사는 잔인하지만 생명은 아름답다.[2]

죽은 형은 넋으로, 푸른 소나무로 되살아나 그의 삶의 지층을 흐르는 노래가 되었다. 형의 죽음이라는 체험은, 생명은 죽음을 넘어서 이어져 있으며 자연과 인간을 잇고 역사와 시대를 가로질러 살아남는 질긴 아름다움이라는 사상을 형성하는 씨앗이 되었다.

시부야에 살던 어린 시절, 아버지는 청소부로, 어머니는 삯바느질로 생

---

1   권정생, 「목생 형님」, 『권정생 이야기 2』, 이철지 엮음(한걸음, 2002), 11~18쪽.
2   같은 글, 12, 16쪽. 목생(木生)은 권정생의 죽은 둘째 형 이름이다.

계를 이어갔는데, 집세가 서너 달씩 밀리고 지붕에서 비가 새는 일이 허다했다. 형과 어린 누나들까지 공장 노동자로 일했지만 한 벌의 셔츠를 두 사람이 번갈아 입어야 할 정도로 가난했다. 권정생의 동화 「공아저씨」는 시부야 거리의 넝마주이였던 그의 아버지에 관한 이야기다.[3]

권정생이 예수를 처음 알게 된 것은 다섯 살 때였다. 누나들이 일요일학교에서 알게 된 예수의 십자가에 대해 이야기하는 것을 곁에서 들었던 것이다. 권정생은 자서전적 글에서 그때 자신이 그려보았던 피를 흘리며 공중에 매달린 예수의 측은한 모습이 일생 동안 머리에 선명히 남아 떠나지 않는다고 말하기도 했다.[4]

> 목생 형님의 죽음과 또 한 분, 다섯 살 때 들은 예수의 십자가 죽음, 이 두 죽음이 나의 뇌리에 박히면서 외곬으로만 비껴가려는 못된 인간이 되어버렸다고 보고 싶다. 그래서 나는 아주 어릴 적부터 보이는 유형의 세계에 이내 싫증을 내고 보이지 않는 무형의 세계를 동경하며 의식 중이거나 무의식중이거나 그것을 실체화하려고 몸부림쳐왔다.[5]

권정생은 농부 전우익의 글을 읽고 난 후의 소감을 밝힌 글에서는 "'이 능을 읽은 느낌'에서 '하늘은 보고 있다'라는 제목을 붙이셨는데, 그 하늘의 실체는 역시 인간의 눈이고 역사의 눈이겠지요"라고 쓰기도 했는데,[6]

---

3   「공아저씨」는 창비에서 1978년에 출간한 『사과나무밭 달님』에 실려 있다.
4   권정생, 「오물덩이처럼 뒹굴면서」, 『권정생 이야기 2』, 105쪽.
5   권정생, 「목생 형님」, 17쪽.
6   권정생은 전우익이 쓴 『호박이 어디 공짜로 굴러 옵디까』(현암사, 1995)를 읽은 소

이처럼 어린 시절에 체험한 형과 예수의 죽음은 그가 보이지 않는 것, 추상화된 것이 구체적인 현실에서 살아 움직이고 있다고 평생토록 증언하도록 이끄는 원천이 되었다. 이현주 목사에게 보내는 편지글에서는 이렇게 말했다.

> 주周야, 영주에서 봤던 거지는 나도 자꾸 생각난다. 사과 속 알맹이를 주워 먹으면서, 한 손으로 신사 양복에 티를 떼주는 그게, 바로 예수님의 한 모습이 아닐까 한다.[7]

그는 체제의 가시권 밖으로 밀려난 것들 속에 2000년 전에 죽은 예수가 또는 인간이 버린 가치나 생명이 꿈틀대고 있다고 본 사람이었다.

또한 동화도 이 시기 권정생 사상의 밑거름이 되었다. 그는 아버지가 주워온 쓰레기더미에서 이솝이야기, 그림동화, 오스카 와일드Oscar Wilde, 오가와 미메이小川未明, 미야자와 겐지宮沢賢治의 헌책을 찾아 읽으며 혼자 글을 익혔다. 그는 그 시절에 읽었던 동화작가와 작품을 평생 동안 성찰하면서 자신이 쓴 글과 지인들에게 보낸 편지에서 자주 언급했다. 그가 초등학교를 졸업하고 가게 종업원으로 일할 때였다. 주인의 강요로 손님들의 눈을 속여 고구마를 팔아야 했던 그는 가난과 양심 사이에서 갈등했

감을 편지글로 썼다. 권정생, 「세상살이의 고통과 자유」, 『우리들의 하느님』, 191쪽 참조.

[7] 권정생, 「예수의 모습」, 『권정생 이야기 2』, 147쪽. 이현주는 자신과 권정생이 함께 겪은 이 거지에 관한 일화를 권정생에 관해 쓴 글 「동화 작가 권정생과 강아지똥」, 『권정생 이야기 2』, 294~311쪽에 상세하게 소개하고 있다.

다. 그러나 어린 시절에 읽은 동화와 어머니를 생각하며 더 이상 거짓을 행하지 않기 위해 가게를 그만두기도 했다.[8] 당시 읽었던 동화들은 삶의 위기에 처할 때마다 그의 가슴속에 죽지 않고 살아 그를 지켜주는 빛이 되었음을 알 수 있게 하는 대목이다. 고구마를 속여 팔았던 이 체험은 여기서 그치지 않고 이후 그가 가난과 돈, 그리고 인간성에 대한 통찰, 체제의 모순과 종교를 사유하는 데까지 이르게 만들었는데, 이는 훗날 그가 했던 다음과 같은 말로 가늠할 수 있다.

> 나는 어느새 (주인의) 노예가 되어 있었던 것이다. 아무리 시대가 바뀌고 신분의 차이가 없어졌다지만 역시 인간 사회에는 계급이 있기 마련이다. 가난은 양심을 지키지 못하게 하며 거짓을 강요하게 만든다. (중략) 돈의 힘은 바로 이런 것이다. (중략) 아편이나 히로뽕만 마약이 아니다. 이 세상 모든 게 사람의 올곧은 마음을 삐뚤어지게 하는 마약이다. 그래서 종교까지도 아편이라 했을 것이다.[9]

•• 전쟁, 사람이 만든 절망, 그러나 사람이 다시 만들어가는 희망

인간을 성장시키는 것은 고통만이 아니다. 한 가락의 노래, 한 그릇의 밥, 흙과 바람, 햇빛, 존재하는 모든 것은 인간에게 배움을 주고 인간을 키워

---

8   권정생, 「열다섯 살의 겨울」, 『빌뱅이 언덕』(창비, 2012), 58~63쪽.
9   같은 글, 60~61쪽.

낸다. 권정생을 키워낸 것은 가난과 죽음, 식민지, 질병이라는 고통과 슬픔만이 아니라 고통과 슬픔 중에도 인간이 잃지 않는 따뜻한 마음과 몸짓이었다.

이때(시부야에 살 때) 나는 따뜻한 사람을 많이 만났다. 키도 작고 손도 작은 히데코 누나는 항상 말이 없고 외로워 보였다. 함께 극장에 가면 고구마튀김을 수건에다 겹겹이 싸서 식지 않도록 넣어뒀다가 영화가 중간쯤 진행될 때 꺼내어 내 손에 더듬어 쥐어주던 그 따뜻한 감촉을 잊을 수 없다. (중략) 소설 『몽실언니』는 혼마치에 살았던 히데코 누나이기도 하고 경순이 누나이기도 하고 그 외의 가엾은 아이들의 모습이다.[10]

집을 나와 거지생활을 하던 그 당시도 친절을 베풀어준 많은 사람들을 잊지 못한다. 상주 지방, 마을 앞에 우물이 있고 늙은 소나무가 있는 외딴집 노부부의 정다운 모습을 잊을 수 없어 『복사꽃 외딴집』이란 동화를 썼다. 열흘 동안 매일 아침마다 찾아갔지만 한 번도 얼굴을 찌푸리지 않고 깡통에 밥을 꾹꾹 눌러 담아 준 점촌댁 아주머니도, 가로수 밑에 쓰러져 있을 때 달려와 두레박의 물을 길어다 먹여준 할머니도, 배 삯이 없다니까 그냥 강을 건네준 뱃사공 할아버지도 좀처럼 내 기억에서 지워지지 않는 얼굴들이다. 이처럼 곳곳에 마음 착한 사람들이 있기 때문에 죽지 않고 살아날 수 있었던 것이다. (필자가 재구성)[11]

---

10   권정생, 「유랑걸식 끝에 교회 문간방으로」, 『우리들의 하느님』, 9~10쪽.

11   권정생, 「오물덩이처럼 뒹굴면서」, 128쪽.

시부야의 뒷골목에서, 그리고 성년이 되어 거지로 문전걸식하며 세상을 떠돌 때 마주친 가난하고 비참한 삶을 살아가는 사람들이 지닌 생명의 온기는 그의 삶과 문학에 영감을 불어넣었다. 그는 "그리스도를 믿는 것은 가장 인간스럽게 사는 것이다"라고 말했다.[12] 그는 자신의 삶과 글을 통해 인간과 자연을 파괴하는 전쟁과 문명 및 인간이 만든 기독교를 비판했는데, 이는 오히려 그가 체험한, 왜곡되지 않는 인간성에 대한 신뢰에 바탕을 둔다고 할 수 있다. 이러한 비판은 온전한 인간성의 회복과 인간적인 삶에 대한 열렬한 갈망에서 나온 것이다.

제2차 세계대전 중이던 1944년 12월, 도쿄가 폭격을 당해 시부야 빈민가는 쑥대밭이 되었으며 그와 가족이 살던 셋집도 불에 타 없어졌다. 권정생과 가족이 그 뒤 살았던 나가야長屋도 불에 타버려 군마群馬 현 쓰마고이嬬恋 촌으로 이사를 한 끝에 해방을 맞았다. 이후 후지오카藤岡에 잠시 정착했다가 1946년 3월 조선인연맹에 가입한 형 두 명은 일본에 남고 나머지 가족은 조국이 해방되었다는 감격을 안고 귀국했다. 그러나 돌아온 고국은 거듭된 흉년으로 쑥과 송피로 죽을 끓여 먹는 집이 대부분이었다. 권정생의 가족은 거처할 집이 없어 어머니와 동생, 권정생은 외가가 있는 청송으로, 아버지와 누나는 안동으로 뿔뿔이 흩어졌다.[13]

권정생은 열한 살이 되어 여덟 살인 동생과 함께 초등학교에 입학했지만 학교를 네 번이나 옮겨 다닌 끝에 안동 일직초등학교를 졸업했다. 아버지의 소작 농사로는 학교에 갈 형편이 못 되었기 때문에 어머니는 행상

---

12   같은 글, 134쪽.
13   권정생, 「유랑걸식 끝에 교회 문간방으로」, 10쪽.

에 나섰다. 그러나 한국전쟁이 일어나자 권정생을 중학교에 보내기 위해 어머니가 모아둔 소 세 마리 값이 폭락해 염소 한 마리도 살 수 없게 되었고 권정생은 중학교에 진학하지 못하게 되었다. 그는 불과 열 살 안팎의 나이에 일본에서는 제2차 세계대전을, 돌아온 한국에서는 한국전쟁을 겪어야 했다. 권정생은 그 시대 민초들의 삶을 다음과 같이 말하고 있다.

> 인민군 점령군 밑에서는 위대한 김일성 장군의 노래를 배웠던 아이들이 그들이 떠난 다음에 즉시 김일성을 때려잡는 노래를 해야만 되었다. 소련 깃발과 인민 깃발이 나란히 붙어 있던 곳에 성조기와 태극기가 바뀌어 붙었다. 밤중에 미군들이 여인들을 강탈해가고 가축을 잡아가도 우리는 유엔군 아저씨께 감사를 드려야 했다. (중략) 학교 운동장이나 시장이나 어디에고 전쟁 용어들로 감정이 거칠어졌다. 전염병이 만연되었다. 결핵으로 고통을 겪는 아이들이 늘어갔다. 자고 나면 누가 어떻게 죽었다는 소문이 끊이지 않았다. 이렇게 죽음은 언제 어디서나 우리를 공포로 몰고 갔다. 죽이고 쳐부수라는 구호만이 살아 있는 세상이었다.(필자가 요약 인용)[14]

> 가치관의 혼란은 그 당시 우리들의 정신 성장에 커다란 장애가 되었다. 흰색을 검다고 가르치면 그냥 검은색으로 따라 배워야 했고 고양이가 개로 둔갑하는 세상이었다.[15]

---

14 권정생, 「열다섯 살의 겨울」, 53쪽.
15 권정생, 「영원히 부끄러울 전쟁」, 『우리들의 하느님』, 138쪽.

이 밖에도 그가 겪은, 인간의 몸과 정신을 파괴하고 악마화하는 전쟁의 참상은 그의 글 곳곳에 나타나 있다. 이러한 체험은 역사와 시대의 소용돌이에 희생되어 비극적인 인생을 살아가는 사람들의 아픔에 깊이 공감하는 것으로 이어졌다. 또한 인간과 자연을 죽이는 전쟁과 전쟁을 일으키는 제국, 그리고 제국주의 이데올로기를 부추기는 모든 권력을 거부하고 비판하는 것으로 이어졌다.

•• 소년 시절의 질병과 어머니의 죽음

중학교에 들어가지 못한 권정생은 나무장수, 고구마 장수, 담배 장수로 떠돌다가 그의 표현처럼 "난지도 쓰레기장"을 방불케 하는 전쟁 후의 부산에서 재봉기상회의 점원으로 일하게 된다.[16] 이때 고아인 명자와 이북 피난민으로 피붙이 없이 살고 있어 고아나 다름없는 기훈이라는 친구를 만난다. 권정생은 아침 5시에 일어나 저녁 9시까지, 늦으면 12시까지 일하는 가운데서도 『베르테르의 슬픔』, 『죄와 벌』, 월간 잡지 ≪학원≫ 등을 읽으며 친구들과 이야기를 나눴다. 조금이라도 틈이 나면 신문 연재소설에서 삼류 대중잡지까지 닥치는 대로 읽었다. 헌책방에 가서 책을 빌려 읽는 것을 낙으로 삼았으며, 상품 포장지에 소설과 시를 쓰기도 했다. 그러던 중 남의집살이를 하며 일요일이면 그에게 함께 교회에 나가자고 권유하기도 했던 명자는 서울로 가서 몸을 파는 신세가 되었고, 1955년 여름 기훈

---

16 같은 글, 140쪽.

이는 자살을 한다. 권정생은 그때 일에 대해 "어쩔 수 없었던 모순투성이 역사와 사회가 낳은 불행한 고아들을 누가 나무랄 수 있단 말인가?"라고 묻는다. 그가 쓴 동화 「갑돌이와 갑순이」는 명자와 기훈이를 모델로 한 것이고,[17] 명자 이야기는 「고아소녀 명자의 열 시간」으로 형상화되었다.[18] 그의 작품에서 죄를 사회적·역사적 상황에서 비롯된 것으로 표현하는 이유는 한국의 역사에서 한 개인의 의미가 무엇인지를 그가 전쟁과 식민지를 통해 몸으로 체험했기 때문일 것이다.

권정생이 결핵과 늑막염을 앓기 시작한 것은 그로부터 1년 후인 1956년, 열아홉 살이 될 무렵이었다. 그는 그렇게 한 해를 버티다가 집 떠난 지 5년 만인 1957년 어머니에게 '죄인처럼 끌려' 고향으로 돌아온다. 집에 돌아온 후 병세는 극도로 악화되었고, 폐결핵에서 신장결핵, 방광결핵으로 확대되어 전신결핵을 앓게 되었다.

나는 (돈을 벌기 위해서) 집을 나간 동생과 부모님께 도저히 그 이상 고생을 시켜드릴 수 없어 차라리 죽어버리길 바라고 기도했다. 밤마다 교회당에 가서 밤을 지새우며 하느님께 나의 고통을 부르짖었다. 아마 구약성서에 나오는 욥의 모습만큼 참담했을 것이다.(괄호는 필자가 덧붙임)[19]

17　「갑돌이와 갑순이」는 「별똥별」이라는 제목으로 권정생 동화집 『사과나무밭 달님』 (창비, 1978)에 실려 있다.

18　「고아소녀 명자의 열 시간」은 2005년에 간행되었으나 찾아보기 어렵고, 권정생 산문집 『빌뱅이 언덕』에 다시 묶여 출간되었다.

19　권정생, 「오물덩이처럼 뒹굴면서」, 115쪽.

그는 한겨울 추운 마룻바닥에서 쉴 새 없이 나오는 오줌 때문에 깡통을 옆에 두고 새벽이 올 때까지 기도했다. 때로는 지쳐 잠이 들면 바지가 젖어서 얼어버렸고, 어머니 몰래 새벽 우물에 바지를 빨며 한없이 눈물을 흘리기도 했다. 어머니는 밤마다 뽕나무 아래에서 기도했다. 벌레 한 마리 죽이는 것도 못마땅하게 여기던 어머니는 병든 아들을 먹이기 위해 산과 들에서 수없이 많은 뱀과 개구리를 잡아와 껍질을 벗겼다. 어머니의 지극한 정성 때문이었을까? 병세가 호전되어 권정생은 교회학교 교사로 임명되었고 그는 이때부터 "죽지 않는다는 신념을 갖게 되었다"라고 한다. 그러나 이런 얼마간의 행복은 일 년이 채 못 되어 어머니의 죽음으로 끝이 난다. 충격과 슬픔은 또다시 그의 건강을 악화시켰다.[20]

•• 잃어버린 어머니, 영원히 그리운 나의 어머니

그에게 어머니는 몸과 마음이자 종교였으며 이 세계 모든 것의 시작이자 끝이었다. 그는 이렇게 말한다.

> 인간다운 삶은 종교 안에 있는 것이 아니다. 기독교가 있기 전에 모든 인간에게 하느님이 있었고 신심이 있었다. 기독교의 어머니는 유대교였고 유대교의 어머니는 인간이었다. (중략) 불교의 어머니는 힌두교이며 힌두교의 어머니는 또 다른 어머니가 있듯이, 결국은 우리가 믿고 따르는 신앙

---

20 같은 글, 116~118쪽.

의 어머니도 모두 하나의 어머니로 귀착된다.[21]

우리들 어머니, 그것은 참다운 평화와 순수의 종교였다.[22]

그에게 모든 생명의 시원에 존재하는 어머니는 사랑과 평화의 원형으로서, 만물을 낳는 하느님이기도 했다. 어머니 인간을 되찾는 것은 참다운 인간과 참다운 자연이 되는 것이자 참된 하느님을 찾는 것이었다.

가장 사람다운 삶과 모습이 바로 하느님의 모습이다. 인간을 사랑함이 곧 하느님을 사랑하는 것이며 인간을 사랑하는 길은 이웃인 인간이 가장 인간답게 살도록 하는 길이다. 덧붙여 말하고 싶은 것은 사람이 사람답게 사는 길은 자연을 자연답게 보호하는 길이라는 것을 잊어서는 안 된다. 개는 개의 모습대로 닭은 닭의 모습대로 모든 동물과 식물이 그들대로의 섭생에 따라 보호되어야 한다.[23]

그러므로 그는 이 세상에서 어머니가 파괴되는 것에 분노하고 고통스러워했다. 그의 개인사에서도 어머니의 상실은 극심한 통증을 일으키는 아픔이었다.

---

21   권정생, 「종교의 어머니」, 『우리들의 하느님』, 48~50쪽.
22   같은 글, 49쪽.
23   같은 글, 51쪽.

누우시기 전날까지도 어머니는 고개 너머 저수지 공사장에 일을 가셨다. 염색한 군용 작업복을 입으시고 허리를 새끼 끄나풀로 묶고 집을 나서시던 그 뒷모습이 아직도 눈앞에 아른거릴 때면, 가슴을 쥐어뜯는 듯한 아픔을 느낀다.[24]

질고를 짊어지고 견뎌내는 이 세상의 어머니 이야기는 베트남전이 한창일 때 권정생이 쓴 동화 「무명저고리와 엄마」에 잘 그려져 있다.[25] 이동화에서 어머니의 저고리는 식민지와 전쟁 그리고 분단으로 자식과 남편을 잃고 흘리는 눈물로 얼룩져 있다. 이현주는 이 동화를 언급한 글에서 "이토록 온몸으로 찢어지는 고통을 견뎌내야 하는 엄마는 그대로 이 백성의 엄마요, 흙이다"라고 말했다.[26] 한편 권정생은 이현주에게 보낸 편지에서 "나는 선한 인간보다 아름다운 인간으로 살고 싶었다"라고 했다.[27] 이현주는 그의 동화에 대해 "주인공들은 한결같이 못나고 병신스럽고 거칠고 쓸쓸하다. 그러나 그들은 아름답다", 그것은 "경건하고 거룩한 아름다움"이라고 말했다.[28] 권정생은 자신이 쓴 동화에 대해 "나의 동화는 슬프다. 그러나 절대 절망적인 것은 없다"라고 했다.[29] 그의 동화에 등장하

<hr />

24 권정생, 「오물덩이처럼 뒹굴면서」, 117~118쪽.

25 권정생, 「무명저고리와 엄마」, 『똘배가 보고 온 달나라』(창비, 1977). 이 동화는 1973년 ≪조선일보≫ 신춘문예에 당선되었다.

26 이현주, 「동화 작가 권정생과 강아지똥」, 306쪽.

27 같은 글, 304쪽에서 재인용.

28 같은 글, 306쪽.

29 권정생, 「나의 동화이야기」, 『빌뱅이 언덕』, 17쪽.

는 존재는 연약하고 버려진 것들이지만, 본래의 자기를 바라볼 줄 알고 그리워하는 한 절망스럽지 않고 아름답다는 의미일 것이다.

> 현주야, 이 세상의 수많은 성자보다도 한 인간을 사랑하고 구해라. 정말이지, 나는 하고 싶은 이야기가 많다. 그리고 사랑하고 싶다.[30]

권정생에게 어머니는 인간과 자연을 포함한 생명의 본래 모습이다. 그 아름다운 어머니가 이 세상에서 깨어져 신음하고 있다. 어머니는 마침내 이 세계가 나아가야 할 완성을 의미했다고 볼 수 있다. 「무명저고리와 엄마」에서 한국전쟁 때 한쪽 다리를 잃고 살아남은 자식인 막돌이는 땀과 피와 눈물이 배어든 '어머니의 낡고 때 묻은 저고리를 나뭇가지에 걸어두고' 바람이 불어도 비가 와도 어머니와 함께 일구던 목화밭에서 김을 맨다. 이런 막돌이가 보고 있던 어머니의 저고리는 죽었던 자식을 소생시켜 품고서 하늘로 날아가 무지개가 되고 막돌이는 "무지개 끝자락을 잡아 목화밭 위에 펼쳐 놓는다. (이 광경을) 엄마 얼굴이 조용히 내려다보고 있다".[31]

여기서도 어머니와 어머니의 저고리는 역사의 폭력과 죽음 때문에 슬픔과 눈물로 얼룩져 있지만 어머니는 이제 저 하늘에서 내려와 이 땅의 목화밭에 펼쳐져야 할 무지갯빛 아름다움이다. 그 때문에 동화에서 막돌이는 어머니의 저고리를 청솔가지에 걸어두고 "그윽이 쳐다보면서" 오늘도 목화밭 김을 맨다. 막돌이를 낳아준 어머니는 역사의 고통과 눈물을

30 　이현주, 「동화 작가 권정생과 강아지똥」, 304쪽.

31 　권정생, 「무명저고리와 엄마」, 28~30쪽.

짊어지고 견뎌내다 죽음을 맞았다. 그러나 막돌이가 김을 매며 밭 옆의 나무에 걸어두고 바라보는 어머니는 어린 것들의 콧물과 눈물, 웃음과 자연의 향기, 삶의 베틀소리, 이 모두를 품고 이 땅의 목화밭에 뜨는 무지개 같은 존재인 것이다.

「무명저고리와 엄마」의 막돌이뿐 아니라 『몽실언니』의 몽실이도 한쪽 다리를 잃고 절룩거린다. 이 절룩거림은 비극적인 분단의 역사와 희생을 상징한다고 볼 수 있다. 역사와 현실에서는 인간이 야기한 폭력으로 분단과 소외와 고통을 겪지만 이러한 현실에서 희생당한 이들인 막돌이와 몽실이는 오히려 어머니의 저고리를 걸어두고 바라보며 척박한 땅을 다시 일군다. 따라서 막돌이와 몽실이는 권정생 자신이기도 하다. 권정생에게 어머니는 모든 생명이 본래의 자리에 가 있기를 열망해 이루어지는 지극한 아름다움이며 모든 생명을 품어 소생시키는 사랑이다. 그가 숨을 거두며 마지막으로 부르던 이름도 "어매, 어매"였다.

•• 유랑걸식 끝에 다시 만난 예수, 나사로가 되어 종을 울리며

권정생은 자신이 결핵을 앓고 있기 때문에 동생의 결혼에 누가 될 것이라고 염려한 아버지의 권유로 또다시 집을 떠나 대구, 김천, 상주, 문경 땅을 3개월 동안 떠돌아다니며 걸식했다. 어머니가 돌아가신 후인 1965년, 권정생의 나이 28세 때였다. 죽어야겠다는 생각으로 죽을 장소를 봐두기도 했고 온몸에 열이 불덩이처럼 올라 쓰러지기도 했다. 이때부터 부고환 결핵까지 앓게 되지만 그는 이때의 경험이 일생에서 "예수님의 40일간 금

식기도만큼 산 교훈을 주었다"라고 고백했다.

들판에 앉아 읽었던 성경은 생생하게 몸으로 체험할 수 있었다. 머리로 읽는 성경은 자칫하면 환상에 그치고 말지만 실제로 체험하면서 읽으면 성경의 주인공과 대화하는 느낌이 드는 것이다. 나는 몇 번이고 죽음과의 싸움에서 눈물의 선지자 엘리야를 만났고, 아모스를, 엘리야를, 애굽에 팔려간 요셉을, 그리고 세례요한을, 사도요한을 만나볼 수 있었다. 그리고 가장 가깝게 나의 주 예수님을 사귈 수 있었던 기간이기도 했다.[32]

그가 험난한 생활 끝에 집으로 돌아온 뒤에는 아버지는 돌아가셨고 동생은 결혼을 해서 집을 떠났다. 그와 가족들이 살던 집은 소작을 하던 농막이라서 비워주어야 했으므로 그는 병들어 혼자 된 몸으로 일직교회 문간방에 들어가 살게 되었다. 1968년 2월, 그의 나이 31세 때였다.[33] 1980년 초 교회 청년회에서 지어준 교회 뒤편의 빌뱅이 언덕 오두막으로 이사할 때까지 그는 16년을 그곳에서 종지기 집사로 일했다. 현재 일직교회 종탑 아래에 세워진 푯말에는 그가 했던 말이 새겨져 있다.

새벽 종소리는 가난하고 소외받고 아픈 이가 듣고 벌레며 길가에 구르

---

32 권정생, 「오물덩이처럼 뒹굴면서」, 131쪽.
33 「유랑걸식 끝에 교회 문간방으로」에서는 권정생이 일직교회(경상북도 안동시 일직면 조탑리) 문간방으로 들어가 살기 시작한 해가 1967년이라고 되어 있다. 그러나 2012년에 출간된 『빌뱅이 언덕』에 실린 「나의 동화이야기」에서는 1968년으로 되어 있다. 이 글에서는 『빌뱅이 언덕』을 따랐다.

는 돌멩이가 듣는데 어떻게 따듯한 손으로 칠 수가 있어.[34]

한겨울에도 그는 장갑을 끼지 않은 손으로 종을 쳤다. 푯말에 새겨놓
은 그의 말은 이 세상의 고통과 공감하는 한 인간의 섬세하고 아름다운
능력이 어디까지 다다를 수 있는지를 잘 보여주고 있다.

그는 1966년에 콩팥과 방광을 들어내는 두 차례의 수술을 받은 후부터
오줌주머니를 달았는데, 이 오줌주머니를 평생 끼고 살아야 했다. 그 시
기 그의 몸무게는 38kg이었고 의사는 약을 잘 먹고 버티면 2년을 더 살 수
있을 것이라고 할 정도로 몸이 악화된 상태였다. 이런 가운데 보리쌀 두
홉으로 하루를 견디고 아이들에게 인형극을 해주며 옛이야기나 성경에
나오는 이야기를 들려주다가 첫 동화 「강아지똥」을 썼다. 그가 얼마나 절
박한 상황에서 글을 써나갔는지는 다음과 같은 그의 말에 잘 나타난다.

> 68년도 되니까, 2년 다 돼가니까 이젠 죽는가 보다고 생각했는데 그때만
> 해도 그러면서 그 「강아지똥」을 썼으니까 감나무 잎사귀가 굉장히 절실했
> 죠. (중략) 항상 나는 죽는다는 그거, 그게 내 머릿속에 있었기 때문에 「강
> 아지똥」 이거 하나라도 써놓고 죽어야지, 또 「무명저고리와 엄마」를 쓰면
> 서 이거 하나 더 써놓고 죽어야지. 그렇기 때문에 정성을 들여야 된다, 그
> 래 가지고 하나하나 정성들여 쓰고…….[35]

---

34 조현, "비어서 꽉 찬 영성의 오두막, 천상의 종소리", ≪한겨레≫, 2009년 5월 13일 자.
35 인용 글에 나온 '감나무 잎사귀'는 권정생이 현상모집 응모요강에 맞춰 50장이던 원
　　고를 30장 이내로 줄이는 과정에서 뺀 부분이다. 감나무 잎사귀가 추운 밤중에 나
　　타나 "우리가 죽어야만 뒤따라 동생들이 태어날 수 있지 않니?"라며 죽음에 대해 이

고향 안동으로 돌아온 이 시기에 그는 「강아지똥」 외에도 3년에 걸쳐 쓴 「무명저고리와 엄마」를 비롯해, 「깜둥바가지 아줌마」, 「똘배가 보고 온 달나라」 등 수많은 동화를 썼다.[36] 이 동화들에는 흙먼지, 건어물, 지렁이, 고아, 똥 등이 나오고, 앉은뱅이, 떠돌이, 실성한 사람, 날품팔이, 문둥이, 꼽추가 등장한다. 가난하고 버려지고 하찮게 여겨지는 것들을 통해 전쟁과 분단, 근대화와 자본주의 체제의 모순을 고발하는 한편, 이러한 시대적 상황 속에서 아프고 힘겹게 살아가는 자연과 사람들을 위로하고 함께 슬퍼했다. 이러한 동화들은 그가 겪고 보고 체험한 삶의 이야기에서 나왔다. 그는 고향을 떠나 베트남전에 가 있거나 생계를 위해 도시로 떠난 아들과 딸에게 어머니들이 보내는 편지를 대신 써주고 답장을 읽어주면서 질병과 가난 속에서 살아가는 사람들의 애환을 함께 겪었다.

편지 대필을 하면서 나는 윗마을 아랫마을 사람들의 집안 형편을 이렇게 훔쳐보고 있었다. 거기엔 우리 한국의 슬픈 역사와 현실이 그대로 가장 정직하게 쓰여 있었다.[37]

야기하는 내용이 담겨 있었다. 뺀 부분을 살린 「강아지똥」은 어린이도서연구회의 회보 ≪동화 읽는 어른≫(2007. 4)에 실렸으며, 2003년 권오성 감독이 만든 클레이 애니메이션에도 담겼다. 원종찬, 「저것도 거름이 돼가지고 꽃을 피우는데」, 권정생 인터뷰, 『권정생의 삶과 문학』(창비, 2011), 47~70쪽. 이 인터뷰는 2005년 10월 8일에 이뤄졌는데, ≪창비어린이≫(2005년 겨울)에 실렸던 것을 재수록한 것이다.

36 권정생이 교회 문간방에 살면서 쓴 동화들은 『강아지똥』(세종문화사, 1974), 『사과나무밭 달님』(창비, 1978), 『까치가 울던 날』(제오문화사, 1979)에 실렸다. 『까치가 울던 날』은 절판되었으나 여기 수록됐던 동화는 대부분 『달맞이산 너머로 날아간 고등어』(햇빛출판사, 1985)에 함께 실려 출간되었다. 『깜둥바가지 아줌마』(우리교육, 1998)와 『똘배가 보고 온 달나라』(창비, 1977)도 책으로 출간되었다.

전쟁과 분단, 반공과 독재 그리고 자본주의 체제에서 희생당하고 고통 받는 사람들의 이야기는 이후로도 산문과 동화를 통해 계속되었다. '여름에는 덥고 겨울에는 춥고 외풍이 심해 귀에 동상이 걸려 봄이 되면 낫고' 했던 이 문간방에서 그는 이 땅의 자연과 아이들, 어머니와 아버지들을 만났다. 창호지 문의 뚫린 구멍으로 뛰어 들어오는 개구리나 추운 겨울에 겨드랑이까지 파고 들어오는 생쥐들과 정이 들어 함께 잠을 잤으며 일부러 먹을 것을 놓아두기도 했다.

> 개구리든 생쥐든 메뚜기든 굼벵이든 같은 햇빛 아래 같은 공기와 물을 마시며 고통도 슬픔도 겪으면서 살다 죽는 게 아닌가. 나는 그래서 황금덩이보다 강아지똥이 더 귀한 것을 알았고 외롭지 않게 되었다.[38]

이 무렵 교회 부흥회에 다녀간 어느 목사가 보내온 편지에 "권 선생님의 생활이 누가복음 16장에 나오는 거지 나사로와 꼭 같다고 생각했습니다"라고 쓴 것을 두고 권정생은 이렇게 말했다.

> 나는 이 편지를 읽고 여태까지 몰랐던 자신의 모습을 발견하게 되었다. (중략) 나는 그때부터 나사로와 나와의 입장을 함께하며 거기서 벗어나려 하지 않기로 했다. 개들에게 헌 데를 핥이면서 부자가 먹던 찌꺼기를 얻어먹던 나사로였지만, 그는 하늘나라를 볼 줄 알았다. 그래, 그것만이면 족한 것

---

37 권정생, 「편지 대필」, 『빌뱅이 언덕』, 251쪽.
38 권정생, 「유랑걸식 끝에 교회 문간방으로」, 12쪽.

이다. 나는 거지 나사로를 알고부터 세상을 보는 눈을 달리했다. 천국이라는 것, 행복이라는 것, 아름다움이라는 것을 여태까지와는 거꾸로 보게 된 것이다. 내가 다섯 살 때 환상으로 본 그리스도 십자가의 의미도 조금씩 알게 되었다. 거듭나는 과정은 아마 이렇게 서서히 이루어지는지도 모른다.[39]

권정생은 방바닥에 엎드려 "식민지와 분단과 전쟁과 굶주림, 그 속에서도 과연 인간이 인간답게 살 수 있을까?"라는 물음을 끝내 놓지 않았고,[40] 결국 그가 말했던 것처럼 '공존의 성스러움'을 깨달았던 것이다.

이 세상에 존재하는 모든 것은 모두 거지 나사로일 수 있다. 공기와 흙을 비롯한 그 무엇엔가 의존해서 살 수밖에 없다는 점에서 그렇다. 인간 또한 이런 상황에서 한 치도 벗어날 수 없는데도 부를 누리고 권력을 지닐수록 이러한 사실이 일상 밖으로 간단히 밀려나 망각된다. 가장 기본적이고 근본적인 인식을 하지 못하는 것이다. 권정생은 자신이 찌꺼기를 얻어먹는 나사로임을 자각했다. 그리고 이런 자각은 통념적이고 추상적이며 보편적이라고 여겨지는 것들에 흡수된 시각을 뒤엎어 새롭게 세상을 바라보고 느끼는 것으로 이어졌다. 그가 이러한 열린 시선으로 감지한 세계는 한없이 낮은 곳에 깃든 하늘이었다. 자신이 거지 나사로임을 깨닫고 그리스도의 케노시스, 그리스도의 십자가의 의미를 체화하기 시작했던 것이다. 그가 쓴 자전적인 글의 제목이 '오물덩이처럼 뒹굴면서'라는 사실이 말해주듯이, 그는 자신을 오물로 자각하고 자신이 오물이 되기를 자

---

39 권정생, 「오물덩이처럼 뒹굴면서」, 134쪽.
40 권정생, 「나의 동화이야기」, 18쪽.

처했으며 이 땅의 오물로 여겨지는 것에서 하늘나라를 보았다. 스스로 '성스럽다'라고 말하는 교회 권력을 비롯한 모든 권력은 자신들이 속된 것이라고 규정한 것에 대해 폭력과 배타적인 태도로 일관하는데, 이런 상황에서 그의 인식의 시발점은 성속의 이분법을 해체하고 기존의 지배질서를 거부했던 것이다. 그러므로 권정생의 생애에서 이 시기 및 이 시기에 그가 한 말은 그의 사상과 문학의 단초 및 그가 전개한 문학과 사상을 이해하는 데 매우 중요한 의의를 지닌다.

•• 생의 친구들이 있어 외로움을 잊기도 했네

교회 부속 건물인 문간방에서 그는 또 하나의 중요한 만남을 가졌다. 1972년 아동문학가 이오덕이 기독교 잡지에 실린 「강아지똥」을 읽고 그를 찾아온 것이다. 당시 권정생의 나이는 36세였고, 이오덕과는 12년 차이가 났다. 권정생은 글이 완성되면 이오덕에게 보냈고 이오덕은 권정생의 글을 실을 지면을 얻기 위해 늘 발로 뛰어다녔다. 이오덕은 평생을 아동문학을 바로 세우기 위해 헌신한 사람이자 삶에서 나오는 정직한 글을 희망한 사람이었다. 이오덕은 권정생 글에서 자신이 꿈꾸어오던 아동문학의 참 빛을 보았고 우리나라의 슬픈 역사를 보았던 것이다.[41] 그들이 서로에게 어

---

41 권정생과 이오덕이 주고받은 편지를 묶어서 펴낸 『살구꽃 봉오리를 보니 눈물 납니다』(한길사, 2003)에는 권정생과 이오덕의 만남에 관한 내용이 담겨 있었으나 이 책은 절판되었다. 이 글에서는 KBS 1TV에서 2003년 9월 13일 방영한 〈아름다운 유산, 이오덕의 편지〉를 참고했다.

떤 존재, 어떤 의미였는지는 서로를 향한 다음과 같은 글에서 잘 드러난다.

날마다 만나고 싶은 사람을 이렇게 몇 달 만에 한 번씩 잠깐 만났다가 헤어
져야 하니 지금 나로서는 가장 절실하게 생각나는 사람일 수밖에 없다. 생각
나는 사람이라기보다 항상 마음을 차지하고 있는 사람이다. (중략) 어쩌면
그는 우리 민족의 불행을 한 몸에 지고 안고서 살고 있는 것 같았다. 그 후 나
는 그를 생각할 때마다 삶의 엄숙한 의미를 자각하게 되고, 스스로 모진 채찍
을 가하지 않고는 배길 수 없는 심정이 되어왔던 것이다.[42] (이오덕의 글)

바람처럼 오셨다가 많은 가르침을 주시고 가셨습니다. 일평생 처음으로
선생님 앞에서 마음 놓고 투정을 부렸습니다. (중략) 늘 소외당한 이방인이
었습니다. 선생님을 알게 되어 이젠 외롭지 않습니다. 이오덕 선생님, 하늘
을 처다볼 수 있는 떳떳함만 지녔다면 병신이라도 좋겠습니다. 양복을 입지
못해도 장가를 가지 못해도 친구가 없어도 세 끼 보리밥만 먹고 살아도 나는,
나는 종달새처럼 노래하겠습니다.[43] (권정생의 글)

이오덕은 임종할 때 가족들을 불러 조문객을 받지 말고 장례 후에 부고
를 알릴 것을 당부하고는 자신이 묻힐 곳에 시비 두 개를 세워달라고 부
탁했다. 한쪽에는 권정생의 시 「밭 한 뙈기」와 다른 한쪽에는 이오덕 자
신의 시 「새와 산」이었다. 현재 이오덕이 묻힌 무덤에는 생전의 그들처

---

42 이오덕, 「대추나무를 붙들고 운 동화작가」, 『권정생 이야기 2』, 287~289쪽.
43 KBS 1TV, 〈아름다운 유산, 이오덕의 편지〉, 2003년 9월 13일.

럼 두 시비가 서로 마주보고 있다고 한다. 그들은 30년 동안 때때로 만나고, 편지를 교류하며, 문학과 생활을 나누고, 서로의 영혼을 고양시킨, 삶의 동지였다.

이현주와 권정생의 만남은, 이오덕에게 권정생에 관한 이야기를 전해 들은 이현주가 권정생을 찾아오면서 시작되었다. 이현주와 권정생은 형과 아우로 30년 우정을 나눴다.

현주야, 용감해지거라. 성서의 하느님은 극히 적은 일부의 하느님에 불과한 것이다. 우리는 더 많이 하느님의 참 모습을 찾기 위해 이 땅 위의 소리에 귀를 기울여야 한다. 눈으로는 더 넓게 살펴보아야 하고, 머리로 생각하고 가슴으로 느끼고 몸으로 부딪혀야 한다. 현주야, 너 자신이 바로 미래를 만들어내는 창조주다. 더 훌륭한 것을 만들어내는 하느님이 되거라. 예수가 그토록 거대한 유대교에 맨몸으로 도전한 것으로 그는 다음 세대를 훌륭하게 창조해낸 것이다.[44]

이현주는 권정생의 작품을 이야기한 글에서 자신과 권정생이 함께했던 시절의 일화를 소개하기도 했다.

방문을 열면 바로 마당이 보인다. 그 문을 열어놓고 둘이서 라면을 끓여먹었다. 그런데 마당에서 놀고 있던 못생긴 암탉 한 마리가 슬금슬금 다가오더니 성큼 방안으로 들어섰다. 무심코 한 손을 뻗어 밖으로 내몰았지만

---

44   권정생, 『권정생 이야기 2』, 196~197쪽.

암탉은 시큰둥하니 나갈 생각을 않았다. 나는 본격적으로 닭을 내쫓기 위해 자세를 고쳤다. 그때였다. 그는 두 팔로 마치 깨어진 유리그릇을 다루듯이 조심스럽게 그 못생긴 암탉을 감싸 안더니 앉은걸음으로 주춤거리고 걸어가 문 밖에다 살그머니 내려놓았다. (중략) 그는 이런 식으로 곧잘 나의 뒤통수를 쳤다.[45]

 권정생이 이현주와 주고받았던 편지에는 서로 아픔과 그리움, 자연을 이야기하고 신과 종교, 교회와 성서에 대해 의견을 나눴던 내용이 담겨 있다.[46] 때로는 깊은 외로움을 이야기하고 때로는 키우던 강아지까지 이야기하면서 소소한 일상을 나누고 격려하고 위로했던 것이다.
 전우익과의 인연은 전우익이 1976년 이오덕과 함께 권정생을 찾아간 것으로 시작되었다. 전우익과는 12년이라는 나이 차이를 뛰어넘어 20년 동안 만남을 이어갔다. 편지는 물론 책과 그림을 주고받으며 이해한 내용을 공유했고, 통일과 분단, 농촌 현실, 사회와 문명 같은 다양한 주제로 대화를 나눴다. 이들의 관계는 권정생이 루쉰魯迅의 글 제목 '깎아내려 죽이기와 추켜올려 죽이기'를 빌려 전우익의 글을 평한 글에서 좀 더 자세히 드러난다.[47] 전우익의 글에 대해 권정생은 "저는 추켜올리기도 싫고 깎아내리기도 싫으니 그냥 멋대로 몇 자 적겠습니다"라면서 이런 책 한 권을 더 내라는 긍정의 말과 동시에 비판적 언급을 잊지 않았다. 비판과 격

---

45 이현주, 「동화 작가 권정생과 강아지똥」, 306쪽.
46 권정생, 「현주에게」, 『권정생 이야기 2』, 141~209쪽.
47 권정생, 「세상살이의 고통과 자유」, 186쪽.

려를 통해 서로를 확인하고 서로를 새롭게 변화시켜나가는 관계였음을 가늠할 수 있는 대목이다. 이 밖에도 권정생과 교분을 나누며 서로 의지하고 영향을 미쳤던 사람으로는 정호경 신부, 권오삼 시인, 최완택 목사가 있다. 이들뿐 아니라 그의 문간방을 드나들던 아이들, 빈대떡과 나물을 들고 와 삶의 애환을 버무려 이야기했던 마을 할머니와 할아버지들, 새와 나무와 강아지를 포함한 자연도 그와 영혼을 나눈 동무였다.

> 누가 이렇게 물었다. "장가는 못 가봤는가요?" "예, 못 가봤습니다." "그럼 연애도 못해봤나요?" "연애는 수없이 했지요. 할아버지 할머니하고도 아이들하고도 강아지하고도 개구리하고도 개똥하고도……."[48]

그가 말한 것처럼 생의 길은 "우리 주변의 모든 생명과 계절, 바람, 우주 전체가 함께 걷는 것"이며 "이 중 어느 하나만 앞서가도 안 되고 뒤떨어져도 안 될 것"이다.[49]

•• 저 버려진 것들의 입이 되어

1983년 가을 권정생은 부모님이 잠들어 있고 그가 죽을 때까지 20년을 살았던 빌뱅이 언덕 집으로 옮긴다. 『몽실언니』의 계약금으로 울타리 없

---

48 권정생, 「유랑걸식 끝에 교회 문간방으로」, 13쪽.
49 권정생, 『권정생 이야기 2』, 241~242쪽.

이 슬레이트 지붕을 얹은 다섯 평의 흙집을 지은 것이다.[50] 훗날 그의 유해는 집 뒤 빌뱅이 언덕에 뿌려졌다.

『몽실언니』는 이 집으로 이사하기 전 1981년 울진교회 청년회지에 3회까지 연재하던 중 4회부터는 월간지 ≪새가정≫으로 옮겨 1982년부터 1984년 3월까지 연재했다.[51] 9회와 10회에 인민군을 인간적으로 그린 것이 문제가 된다는 안기부의 압력 때문에 10회 이후 연재가 중단되었다. 다시 쓰기 시작한 11회에서는 정부의 검열로 30장 원고 가운데 10장이 삭제되어 실렸다. 잘려나간 부분은 인민군 청년 박동식이 몽실이를 찾아와 통일이 되면 서로 편지를 하자고 주소를 적어주는 내용이었다. 그 뒤부터 권정생은 『몽실언니』의 줄거리를 스스로 지우거나 줄여야 했다.

> 박동식이 후퇴하다가 길이 막혀 지리산으로 숨어들어와 빨치산이 된 뒤 마지막 숨을 거두면서 몽실이한테 보낸 편지엔 이런 말이 씌어 있습니다. '몽실아, 남과 북은 절대 적이 아니야. 지금 우리는 잘못하고 있구나.' 몽실이가 편지를 받아 읽고 나서 주저앉아 흐느끼면서 최금순 언니, 박동식 오빠를 부르는 대목도 모두 지워야 했습니다.[52]

또한 군사정권 때는 사회 안전요원들에게 감시를 당해 지서에 불려 다

---

50 권정생, 『몽실언니』(창비, 1984).

51 이기영, 「권정생 책 이야기」, ≪창비어린이≫, 제18호(2007년 가을), 45~75쪽.

52 권정생, 「개정판을 내면서」, 『몽실언니』(창비, 2000). 이 책에서는 "그동안 많은 독자들이 읽었고 이제 와서 고치는 것도 별로 좋은 일이 아닌 것 같아"라는 권정생의 의견에 따라 지웠던 부분을 살리지 않고 그냥 실었다.

녀야 했다. 1960~1970년대에는 일본에 있는 형 두 명이 보낸 편지가 사전 검열을 당해 편지 왕래도 자유롭게 할 수 없는 상황이어서 연락이 두절되기도 했다.[53] 권정생은 독재와 반공 이데올로기의 서슬이 퍼렇던 폭압의 시대에 굴하지 않고 글을 썼지만『몽실언니』외에「아기양의 딸랑이 그림자」나『초가집이 있던 마을』처럼 몇몇 작품도 삭제되고서야 입선되거나 미뤄지다가 나중에 출판되기도 했다.[54]

민중신학자 서남동은『몽실언니』를 포함한 권정생의 작품들이 민중의 절실한 사회 전기라고 보았다. 그는 권정생의 동화가 분단과 공산주의, 통일과 인간성 회복 등 우리가 처한 문제를 정치 논설이나 신학 논문보다 더 깊고 생생하게 제시하면서 해답을 준다고 분석한다.[55] 오강남은 '영혼서의 명저 50' 중 하나로 권정생의『몽실언니』와『우리들의 하느님』,『한티재 하늘』(지식산업사, 1998)을 꼽는다.[56] 그는「강아지똥」이 심층 차원의 종교에서 보는 죽음을 잘 이해하도록 풀어썼다고 보기도 했다.[57]

권정생이 자신이 쓴『비나리 달이네 집』의 실제 주인공인 정호경 신부에게『몽실언니』를 보내면서 쓴 편지를 보면 그가 왜『몽실언니』를 썼는

---

53   김원,「권정생, 조탑동에서 반역을 꿈꾸다」, 고려대 교지 계간 ≪고대문화≫, 제94호(2009. 4).

54   「아기양의 딸랑이 그림자」는 1971년 대구 ≪매일신문≫ 가작으로 일부가 삭제되어 당선되었다. 동화집『강아지똥』(세종문화사, 1971)에 실렸다.

55   서남동,『민중신학의 탐구』(한길사, 1983), 296쪽.

56   톰 버틀러 보던,『내 인생의 탐나는 영혼의 책 50』, 오강남 옮김(흐름출판, 2009), 531쪽.

57   오강남·성해영,『종교, 이제는 깨달음이다』(북성재, 2012), 203쪽. 이 책의 끝에도 권정생의 작품들이 '읽을거리'로 소개되어 있다.

지를 잘 알 수 있는 대목이 나온다.

> 이 이야기는 저의 불쌍한 사촌 누이동생 이야기이기도 하고, 제비원 산다는 어느 아주머니 얘기이기도 하고, 뭐 이런 불쌍한 사람들이 너무 많아서 써본 것입니다. (중략) 위로받아야 할 사람들에게 우리는 백 마디 천 마디 말로는 되지 않습니다. 내가 그들처럼 불행해지든가 아니면 그들을 불행에서 건지든가 두 가지 길뿐입니다. 예수님은 정말 좋은 분입니다. (강조는 필자)[58]

권정생은 원종찬과 나눈 인터뷰에서도 마을 근처 산에서 살다 동학농민운동에 참여하던 중 죽은 사람들에 대해 이야기한다.

> 우리 민중소설들도 보면 거기 같이 참여했던 백성들은 다 사라져 없고 고통받다 죽고 그중에서 앞에 섰던 위대한 사람들만 남아버리잖아요. (중략) 동학에 참여했던 어른이래요. (중략) 이런 사람들은 이름도 없고 아무것도 없어요. 요즘 독립운동가 얘기 많이 나오잖아요. 거기 몇 사람들은 이름이 남는데 3·1운동 때 만세 부르던 사람들, 동학 이런 데 참가했던 사람들은 전봉준이 실패하고 다 죽은 다음에 어쩔 수 없이 숨어 살 수밖에 없었어요, 빨치산도 그랬듯이. 그래, 이 사람들을 어떻게 할까, 이 사람들을……. (강조는 필자)[59]

---

58 권정생, 「정호경 신부님」, 『권정생 이야기 2』, 211~212쪽.
59 권정생, 「저것도 거름이 돼가지고 꽃을 피우는데」, 66쪽.

권정생은 『몽실언니』를 통해 이름 없는 것들, 역사에서 희생당하고 고통받았던 것들에게 목소리를 주고 싶었던 것이라고 할 수 있다. 몽실이는 과거와 현재의 역사를 살아가면서 '입이 있어도 자신의 이야기, 자신의 삶을 말하지 못한 수많은 이 땅의 목숨들'이다. 이것이 바로 시대의 약자를 상징한다고도 읽히는 「강아지똥」이나, 동학농민운동 시기와 일제강점기를 살아간 민초들의 삶이 역사를 이끌어가는 보이지 않는 거대한 강이었음을 일깨우는 『한티재 하늘』 등 거의 모든 작품에 사람뿐 아니라 억압과 파괴를 견디며 사는 불쌍한 온갖 만물이 등장하는 이유다.

『초가집이 있던 마을』은 한국전쟁 당시 권정생이 살던 안동 일직면 일대의 주민들이 겪은 참상을 아이들의 눈으로 그려낸 작품이다. 권정생이 자신이 쓴 작품들 중 가장 애착을 가졌던 글이기도 하다.[60] 『몽실언니』보다 먼저 썼지만 늦게 출판되었고, 1998년 일본에서 출간되기도 했다. 이 동화는 "반공이 도덕"이고[61] "반공동화만 취급"하던 시절에 쓴 "반反반공" 동화다.[62] 권정생은 이데올로기를 표면에 내세운 주도권 싸움에서 무고한 민중이 왜 희생되어야만 하는가라는 문제의식을 제기하고 아이들에게 "서로 화해하면서 진짜 사람으로 살아야" 한다는 마음을 불어넣기 위해 이 작품을 썼다고 한다.[63] 『몽실언니』, 『점득이』와 함께 한국전쟁을 다룬

---

[60] 『초가집이 있던 마을』(분도출판사, 1985)은 1978년 1월부터 1980년 7월까지 잡지 ≪소년≫에 「초가삼간 우리 집」이라는 제목으로 연재한 글을 1985년 제목을 바꿔 출간한 것이다.

[61] 권정생, 「저것도 거름이 돼가지고 꽃을 피우는데」, 64쪽.

[62] ≪창비어린이≫ 30주년 권정생 인터뷰(2007년 1월 24일). 이 인터뷰 영상은 온북티비(blog.naver.com/onbooktv)의 '저자 인터뷰'에서 볼 수 있다.

[63] 권정생, 「저것도 거름이 돼가지고 꽃을 피우는데」, 64쪽.

권정생의 소년소설 삼부작이라고 일컬어지는 작품 중 하나다.

권정생이 쓴 시들은 1988년 『어머니 사시는 그 나라에는』이라는 제목의 시집으로 묶여 출판되었다.[64] 이 시집은 권정생이 소년 시절부터 쓴 시를 모은 것으로, 모두 80편의 시가 수록되어 있으며, 초등학교 때 쓴 「강냉이」라는 제목의 시도 실려 있다. 1부와 2부는 1980년대에, 3부는 1950~1960년대에, 4부는 1980년대 후반인 1987년과 1988년에 쓴 시들이다. 1970년대에는 거의 시를 쓰지 않았다.

이오덕은 이 시집이 출판된 것을 기뻐하며 "말재주를 부리지 않고 진술하게 또는 뜨겁게 우리 겨레의 마음을 노래한 시"이며 이제까지 아동문학에서 나온 적이 없었다고 말한다. 이오덕은 권정생의 시들이 감동을 주는 이유는 "항상 가난하고 약한 이웃과 살아가는" 그가 "피와 눈물로" 썼기 때문이라고 말한다.[65] 김상욱은 이 시집의 특징이 자연과 평화를 파괴하는 것에 대한 날선 풍자와 비판, 그리움을 대상에 투영해 획득하는 전형적인 정서, 시적 대상과 상황을 통해 드러나는 현실주의에 있다고 보았다.[66]

권정생은 1974년 「강아지똥」을 시작으로 1980년대에는 장편과 많은 단편을 쓰며 가장 활발하게 글을 썼다. 널리 읽혀지고 있는 대표작 「강아지똥」, 「사과나무밭 달님」 등의 단편과 『몽실언니』, 『초가집이 있던 마을』 등의 장편이 모두 1970~1980년대에 나왔다. 1990년대에는 단편동화집 다섯 권이 출간되었지만 그가 새로 쓴 동화는 일곱 편뿐이었다. 이 시

---

64   권정생, 『어머니 사시는 그 나라에는』(지식산업사, 1988).
65   같은 책, 머리말.
66   김상욱, 「현실주의 동시의 세 가지 양상」, 『권정생의 삶과 문학』, 201~216쪽.

기에 장편 『점득이네』, 『팔푼돌이네 삼형제』, 『하느님이 우리 옆집에 살고 있네요』와 「강아지똥」을 쓴 지 30년 만에 다시 쓴 똥 이야기 『밥데기 죽데기』, 그리고 소설 『한티재 하늘』 1·2가 나왔다. 또한 권정생의 옛이 야기 그림책 『훨훨 날아간다』(김용철 그림, 국민서관, 1993), 『눈이 되고 발이 되고』(백명식 그림, 국민서관, 1993)가 나왔으며, 『강아지똥』(정승각 그림, 길벗어린이, 1996) 등의 동화가 그림책으로 출판되기 시작했다.[67]

1990년대에는 권정생 사상의 결집이라고 할 수 있는 산문집 『우리들의 하느님』이 녹색평론사에서 출판되었다. 이 책에는 신문과 잡지에 연재한 글 32편과 동화 3편이 실려 있었다.[68] 권정생을 「강아지똥」이나 『몽실언니』를 쓴 동화작가로 단편적으로만 알고 있던 사람들에게 이 산문집은 그의 철학과 삶을 알 수 있게 하는 중요한 통로가 되었다. 이 산문집에서 권정생은 물질주의와 성장주의에 매몰된 한국 교회를 비판하면서 "이 땅 위의 진짜 우상과 마귀는 제국주의와 전쟁과 분단과 독재와 폭력"이라고 강조했다. 믿음의 실체는 예수가 인간으로서 어떻게 살았으며 어떻게 죽었는가에 있으며, 하느님 나라는 모두가 고르게 사는 세상이라고도 말했다. 그는 함께 일하고 함께 살아가는 세상을 간절하게 바라면서 "함께 일해 함께 사는 세상이 사회주의라면 올바른 사회주의는 꼭 이루어져야 한다"라고 역설했다.[69] 따라서 서구 패권주의, 전쟁, 그리고 전쟁을 떠받

---

67 이기영, 「권정생 책 이야기」, 45~75쪽 참조.

68 『우리들의 하느님』은 녹색평론사에서 1996년에 처음 출판되었으며 2008년 개정증보판이 나왔다. 개정증보판에는 1996년 출간된 이후 《녹색평론》에 실린 권정생의 글 몇 편과 2007년 《녹색평론》의 권정생 추모특집에 실린 글 두 편이 추가로 수록되어 있다.

치고 있는 자본주의 체제, 군사주의를 포함한 이 세계의 폭력적인 모든 것에 반대했다.

그는 "예수의 마지막 만찬이 이 세상의 폭력에 대항하는 비장한 운명을 아름답게 승화시키고 있다"라면서 "빵과 목숨은 하나"라고 말했다. 한 덩어리의 빵은 나의 목숨이자 이웃의 목숨을 이어나가게 하므로 빵과 목숨을 분리해서 생각하면 평화는 없다는 것이다.[70] 그는 평화는 역설적으로 죽음이나 파괴일지도 모르며 움직이는 것이라고도 했다.[71] 안식일에 예수는 이웃의 아픔을 닦아주기 위해 움직였다. 예수의 움직임은 형식적이고 도그마에 갇힌 체제를 파괴하는 것이었다. 몸과 마음을 '움직여' 이웃과 함께 빵을 먹으면서 따듯한 정을 나누며 연대할 때 평화는 흙을 빚듯 빚어진다. 그에 따르면 예수가 이 땅에서 사람답게 살아갔음을 전범으로 하지 않는 기독교나, 예수가 진정한 자유와 해방을 위해 피를 흘렸듯이 억압받는 것들의 자유를 위해 고통을 감내하지 않는 교회는 하느님과 예수를 팔아먹는 장사꾼이다.

이러한 그의 평화사상은 이 땅에 존재하는 생명을 파괴하고 억압하는 것에 저항하는 것이자, 인간과 인간의 경계뿐 아니라 인간과 하느님의 경계, 인간과 자연의 경계까지 거부하는 것이었다. 그는 이 모든 것을 말로만 한 것이 아니라 몸으로 실천했다. 이를 통해 인간의 모든 감옥은 몸으로 살아냄으로써만 해체된다는 사실을 보여줬다. 그에게는 이 땅에 살고

---

69 권정생, 『우리들의 하느님』, 31쪽.
70 같은 책, 57~58쪽.
71 같은 책, 56쪽.

있는 모든 생명이 하느님이자 예수이자 어머니였으므로 철저하게 반자본
적이고 비폭력적으로 살았다. 그는 먼저 그렇게 살고서야 글을 썼다. 김
종철은 권정생에 관한 일화를 하나 소개했는데, 퇴계 이황이야말로 한국
의 유일무이한 대사상가라고 한창 주목하던 때에 있던 일이다. 권정생이
"툭하고 던지듯이" 김종철에게 이렇게 말했다고 한다. "퇴계 집에 노비가
150명이나 있었다고 합디다." 김종철은 권정생이 "이 한마디로 퇴계 학문
의 관념성을 지적"했기 때문에 매우 놀랐으며 이런 경험이 한두 번이 아
니었다고 밝혔다.[72] 김종철의 표현을 빌리면 그는 초등학생도 읽을 수 있
을 만큼 쉽게 『우리들의 하느님』을 썼다.[73] 하지만 그는 아픈 몸으로 다
섯 평 오두막을 떠나 멀리 나가본 적도 별로 없었음에도 농민의 입이 되
어, 우리네 어머니와 할아버지의 입이 되어, 저 버려진 것들의 입이 되어
세상을 꿰뚫고 세계와 우주를 통찰하는 글을 썼다.

•• 언 땅에서 별을 찾다

2000년 들어 권정생은 지병이 더욱 심해져 고열과 통증에 시달렸다. 잠시

---

72 강양구, 「청계천 촛불, 정직한 반항 또는 희망의 근거」, 김종철 인터뷰, ≪프레시
   안≫, 2008년 5월 19일.

73 시민단체 생명평화결사의 주관으로 2008년 11월 20일 서울 정동 프란체스코 수도
   회 강당에서 열린 '즉문즉설'에서 김종철이 했던 말 중 한 대목이다. 이 내용은 "요
   즘 덮어놓고 생명, 생명… 말의 타락"이라는 제목으로 기사화되었다(≪한겨레≫,
   2008년 11월 26일 자).

도 앉아 있을 수 없는 상황이 계속되기도 했다. 이런 와중에 『또야 너구리가 기운 바지를 입었어요』(우리교육, 2000)와 『또야 너구리의 심부름』(창비, 2002), 그림책 『또야와 세발자전거』(효리원, 2003) 등 또야라는 아기 너구리가 등장하는 동화와 『비나리 달이네 집』(낮은산, 2001)을 썼다. 「랑랑별 때때롱」을 어린이 잡지 ≪개똥이네 놀이터≫에 2005년 12월부터 2007년 2월까지 연재하기도 했다.[74] 이 작품은 그가 마지막으로 쓴 동화가 되었다. 권정생이 이 세상에 살며 쓴 글로는, 단편동화 110편, 장편동화 및 소년소설 8편, 장편소설 2권, 산문집 2권, 시집 1권, 전기 1권, 그리고 책으로 묶이지 않은 편지들이 있다.

2005년 5월 1일, 권정생은 정호경 신부의 권유를 받아들여 유언장을 썼다.

내가 죽은 후에 다음 세 사람에게 부탁하노라. 최완택 목사는 술을 마시고 돼지 죽통에 오줌을 눈 적은 있지만 심성이 착하다. 정호경 신부는 잔소리가 심하지만 신부이고 정직하기 때문에 믿을 만하다. 박연철 변호사는 민주 변호사로 알려졌지만 어려운 사람과 함께 살려고 애쓴 보통 사람이다. 우리 집에도 두세 번 다녀갔지만 나는 대접 한 번 못했다.

위 세 사람은 내가 남긴 모든 저작물을 함께 관리해주기 바란다. 내가 쓴 책들은 주로 어린이들이 사서 읽은 것이니 인세를 그들에게 되돌려주는 것이 마땅하다. 만약에 관리하기 귀찮으면 한겨레신문사에서 주관하는 남북어린이어깨동무에 맡기고 뒤에서 보살피면 될 것이다.

---

[74] 『랑랑별 때때롱』은 그가 죽은 후인 2008년 보리출판사에서 출간되었다.

유언장이라는 것은 아주 훌륭한 사람들만 남기는 줄 알았는데 나 같은 사람도 한다는 것이 쑥스럽다. 앞으로 언제일지 모르지만 낭만적으로 죽었으면 좋겠다. 하지만 나도 전에 우리 집 개가 죽었을 때처럼 헐떡헐떡거리다가 숨이 꼴깍 넘어가겠지. 눈은 감은 듯 뜬 듯 하고 입은 멍청하게 반쯤 벌리고 바보같이 죽을 것이다. 요즘 와서 화를 잘 내는 걸 보니 천사처럼 죽는 것은 글렀다고 본다. 그러니 숨이 지는 대로 화장을 해서 여기저기 뿌려주기 바란다.

유언장치고는 형식도 제대로 못 갖추고 횡설수설했지만 이건 나 권정생이 쓴 것이 분명하다. 죽으면 아픈 것도 슬픈 것도 외로운 것도 끝이다. 웃는 것도 화내는 것도. 그러니 용감하게 죽겠다. 만약에 다시 환생을 할 수 있다면 건강한 남자로 태어나고 싶다. 그래서 25살 때 22살이나 23살쯤 되는 아가씨와 연애를 하고 싶다. 벌벌 떨지 않고 잘할 것이다. 하지만 환생했을 때도 세상에 얼간이 같은 지도자가 있을 테고 여전히 전쟁 중일지 모른다. 그렇다면 환생은 생각해서 그만둘 수도 있다.[75]

이 유언장은 그의 소박하며 솔직담백한 성격과 삶을 그대로 담고 있다. 무엇보다 죽음을 앞둔 상황에서도 유머를 잃지 않고 있다. 대부분의 사람은 그의 슬프고 서러운 현실비판적인 동화나 사회와 문명에 대한 뼈 있는 말을 주로 기억하지만 권정생이 지인들과 나눈 대화나 글에는 따뜻한 유머와 해학이 넘쳐난다.

최종석에 따르면 "유머는 인간의 어리석음을 비웃는 것이 아니라 인간

75 이원준, 『권정생: 동화나라에 사는 종지기 아저씨』(작은씨앗, 2008), 217쪽.

모두가 불완전한 존재라는 것을" 드러내는 것이며, "자신을 포함한 인간을 향해 연민과 사랑을 던지는 웃음"이다. "예수의 웃음은 자기 비움에서 오는 무화의 웃음, 해방과 사랑의 웃음"이다.[76] 권정생의 유머는 세상의 심연으로 내려가 자신을 무화시켜나갔던 사람이 인간을 향해 짓는 연민과 사랑의 웃음이라고 할 수 있다. 그가 쓴 동화는 여러 측면에서 평가되고 있지만, 비극과 유머를 절묘하게 결합시켜 억압적인 것을 해체한 미학적 특성은 빠트릴 수 없는 중요한 요소다. 권정생은 일상에서도 자신의 질병과 가난 그리고 죽임의 시대라는 비극적인 상황을 때때로 빛나는 유머를 통해 웃음으로 감싸 안으며 역전시키려 했다.

2007년 3월 그는 눈앞으로 다가온 죽음을 감지하고 정호경 신부 앞으로 다시 유언장을 썼다.

지금 너무 고통스럽습니다. 3월 12일부터 갑자기 콩팥에서 피가 쏟아져 나왔습니다. 뭉툭한 송곳으로 찌르는 듯한 고통 때문에 일 초도 참기 힘듭니다. 어서 모든 것이 끝났으면 하는데도 그것마저 안 되고, 하느님께 기도해주십시오. 제발 너무도 아름다운 이 세상에 사람이 사람을 죽이는 일이 없게 해달라고. 제 예금통장은 다 정리되면 나머지는 북쪽 아이들에게 보

---

76 최종석, 「붓다와 예수의 웃음: 갈등과 충돌에서 해탈과 해방으로」, 《종교연구》, 제54집(2009년 봄), 42쪽. 성서에 예수가 웃었다는 내용은 없다. 그러나 예수가 웃었을 것이라고 보는 학자들이 있다. 예를 들어 14세기 마이스터 에크하르트(Meister Eckhart)는 유머와 웃음이 삼위일체의 위격 사이에 있는 내적인 관계를 나타낸다고 보았다. 리처드 G. 코트, 『웃음의 신학』, 정구현 옮김(가톨릭대학교출판부, 2001), 81쪽.

내주세요. 제발 그만 미워하고 그만 싸우고 통일이 되어 함께 살도록 해주십시오. 그런데 중동과 아프리카 그리고 티베트 아이들은 앞으로 어떻게 하지요? 안녕히 계십시오.[77]

삶을 통해 돈과 권력이 만든 모든 위계에 대한 죽음을 선택하고 죽임의 세상에 저항했던 권정생은 다시 유언장을 쓴 후 47일 만인 2007년 5월 17일에 숨을 거뒀다.

그는 죽는 날까지 "밤하늘의 별을 오래오래 쳐다보고",[78] 마지막 순간까지 전쟁과 폭력이 없는 세상과 연약하고 어린 생명들을 위해 기도했다. 그는 자신이 아주 오래 응시했던 별이 이 땅에 버려지고 학대받은 생명들에 깃들어 있음을 알았으며, 말 못하는 백성들의 몸짓에 누구보다 예민했다. 죽기 직전 사경을 헤매며 그가 정호경 신부에게 한 말은 평생 모은 5000만 원으로 북한 어린이들에게 옥수수를 사서 보내달라는 것이었다. 그는 평생 동안 썼던 글의 인세 모두를 굶주리고 가난한 어린이들에게 돌려보냈다. 그는 마지막까지 모든 목숨이 함께 사는 세상을 끝내 포기하지 않았던 것이다. 지옥은 죽어서 가는 하늘나라에 있는 것이 아니라 전쟁과 폭력, 억압이 있는 곳이 지옥이라고도 했다. 그래서 지옥이 시작되는 곳으로 "합중국이 있는 나라의 국회의사당"을 지목하기도 했다.[79]

---

77 이원준, 『권정생: 동화나라에 사는 종지기 아저씨』, 222~223쪽.

78 마지막 글이 된 「랑랑별 때때롱」을 어린이 잡지 ≪개똥이네 놀이터≫에 연재하기 시작하면서 권정생은 "나는 여름이면 밤하늘의 별을 오래오래 쳐다봅니다. 그래서 '랑랑별 때때롱' 이야기를 만들게 되었습니다"라고 말했다.

79 권정생, 『도토리 예배당 종지기 아저씨』(분도출판사, 1985), 112쪽.

그는 인간과 자연이, 인간과 인간이, 인간과 신마저도 "죽을 먹어도 함께 살자"라고 했다.[80] 그에게는 신도 예외가 아니었다. 평화와 자유에 대한 굶주림, 밥을 먹지 못하는 배고픔, 이 땅의 모든 굶주림을 하느님도 나눠야 한다고 여겼던 것이다. 그렇기 때문에 하느님께 왜 침묵하느냐고, 침묵해서는 안 된다고 항의했다.[81] 권정생의 글과 삶의 현재성은 여기에 있다. 이 시대가 끝없이 비정규직을 만들어내고 자본의 이익을 위해 전쟁을 만들어내고 뭇 생명을 파괴하는 한 그의 삶과 삶에서 나온 글은 버려진 것들에게서 빠져나가는 희망을 한 번 더 쥐어보기 위한 위로와 용기를 주기 때문이다. 파괴가 곧 자신들의 부와 권력인 이들이 무엇 때문에 권정생의 삶을 주목하겠는가. 권정생의 삶은 이 시대의 약자들에게 말하고 있다. 인간의 자유는 제한적일 수밖에 없지만 이 시대에는 그 자유마저 엄청난 삶의 고통과 대가, 곧 자본주의 체제가 빚어낸 것들과의 투쟁에서 나왔다고 말이다. 그의 삶이 보여주는 경지인 물질로부터의 자유, 드넓은 정신의 자유에는 피가 묻어 있는 것이다.[82]

앞마당에 있던 대추나무가 새마을운동으로 베어지려 할 때 그가 대추나무를 끌어안고 눈물을 흘리는 바람에 대추나무는 밑둥치에 톱으로 베인 흔적을 지닌 채 끝내 살아남았다.[83] 그가 끌어안고 눈물을 흘린 대상은 대추나무뿐만이 아니다. 베어져 잘려나간, 잘려나갈 모든 것이었다.

80　「죽을 먹어도 함께 살자」라는 글은 ≪녹색평론≫, 제34호(1997년 5·6월호)에 게재되었다.
81　이현주, 「동화작가 권정생과 강아지똥」, 296쪽 참조.
82　김수영의 시 「푸른 하늘을」 참조.
83　이오덕, 「대추나무를 붙들고 운 동화작가」, 291쪽.

2부

똥 이야기에서 묻는
구원의 의미

3

분석심리학으로 본
똥 이야기

당신이 가장 두려워하는 것을 찾아라.

진정한 성장은 그 순간부터 시작된다.

— 카를 구스타프 융

•• 권정생의 「강아지똥」과 융의 똥 이야기

이 장에서는 똥 이야기에 대한 분석심리학적 의미를 다루려 한다.[1] 프로

---

1   정신분석학은 프로이트를 주축으로 연구되었으며 후에 융도 참여했지만 무의식의
내용에 대한 이해의 차이로 융은 프로이트와 결별했다. 20세기 초 정신분석의 뒤를
이어 융이 제창한 분석심리학은 성과 오이디푸스 이론을 기반으로 삼지 않는 등 정
신분석과는 다른 차이를 갖고 있다. 김서영, 「정신분석의 새로운 패러다임에 대한

이트와 다르게 융은 종교를 긍정적으로 바라보았다. 인간은 종교적이며 종교는 인간을 자아 너머에 있는 신화의 원형과 연결시킴으로써 전인적이고 통합적인 인간으로 성장시킨다고 보았던 것이다.[2] 그러나 종교는 성서나 경전이 자신 안의 그림자를 보라고 말한 가르침에서 멀어져 내부의 그림자를 외부로 투사하고 자신 밖에서 그림자를 찾아 파괴하는 데 광분하고 있다고 보기도 했다.[3] 이러한 융의 견해는 종교가 고통스럽더라도 자신의 내부에 있는 그림자 및 그 그림자를 다루는 방식을 직시할 때라야 비로소 개인과 사회를 성숙시키는 역할을 감당할 수 있다는 사실을 암시한다.

그림자는 자신의 일부이지만 자아가 직시하기를 두려워하며 거부하거나 억압해온 내면이다. "자아에게는 보이지 않는 무의식의 그늘"이기 때문에[4] 자아에게서 타자화된 내면이라고 할 수 있다. 융은 생의 말년에 자신의 생은 "무의식의 자기실현의 역사"였다고 회고했다. 또한 "무의식에 있는 모든 것은 외부로 나타나 사건이 되려 하고 인격 역시 무의식의 조건에 따라 발달하며 스스로를 전체로서 체험하려고 한다"라고 말했다.[5] 이러한 언급을 통해 융은 자아에 억눌린 무의식의 그림자들을 어떻게 다

일고찰」, ≪라깡과 현대정신분석≫, 제9권 제1호(2007. 8), 265~267쪽 참조. 또한 그림자이론은 융의 핵심 이론이다. 이 글에서는 융의 분석심리학을 통해 그림자와 의식의 통합이 지닌 신학적 의미를 살펴보려 한다.

2 이부영, 『그림자』(한길사, 1999), 258쪽.

3 같은 책, 258~259쪽.

4 같은 책, 89쪽.

5 융, 『카를 융, 기억 꿈 사상』, 11쪽.

루고 통합해내느냐에 인간과 세계의 성장이 달려 있다고 여겼으며 이것이 그가 생의 전부를 걸고 추구했던 과제임을 알 수 있다.

융은 엄격한 개신교 루터파 집안의 아들로 태어났다. 어린 시절에 경험한 꿈과 환상은 그가 일생 동안 인간과 세계 그리고 종교에서 진정한 자아를 찾아 나아가는 출발점이 되었다. 이러한 체험 중에서도 열두 살 때 본 환상은 종교가 갖는 해방과 억압, 무의식과 의식, 그림자와 진정한 자기를 성찰해나갔던 그에게 의미심장한 원천이 된 사건이었다. 융은 마지막으로 쓴 자서전에서 당시의 체험을 다음과 같이 회상한다.

> 1887년 어느 맑은 여름날 나는 정오에 학교를 나와 대성당 광장으로 갔다. 하늘은 눈부시게 푸르고 햇빛이 찬란하게 비쳤다. 대성당 지붕은 햇빛 속에 반짝이고 태양은 다채로운 색깔로 윤을 낸 기와에 반사되고 있었다. 나는 그 광경의 아름다움에 압도되어 이렇게 생각했다. '세계는 아름답고 교회도 아름답다. 하느님은 이 모든 것을 창조하시고 푸른 하늘 저 너머 황금보좌에 앉아 계신다. 그리고……'

> 그러자 생각에 구멍이 뚫리고 숨이 막히는 기분이었다. 나는 마비되는 듯한 느낌 속에서 단지 다음과 같은 생각만을 하고 있었다. '더 이상 생각을 하지 말자. 무언가 무서운 일, 생각하고 싶지 않은 일, 결코 가까이 다가가서는 안 되는 일이 일어나려고 하고 있다.'[6]

융은 이 환상 다음에 이어지려는 악몽같이 무섭고 '성령을 거스르는' 생

---

6   같은 책, 74쪽.

각을 하지 않으려고 수없이 잠을 설치며 발버둥 쳤다. 그러던 어느 날 그는 그러한 절망적인 문제, 즉 두렵고 무서우며 죄가 된다고 느껴졌던 이어질 환상이 하느님의 의도였다고 확신한다. 하느님도 자신에게 그 환상과 마주할 수 있는 용기를 내길 바라고 있다고 생각하게 되었던 것이다.

> 나는 지옥의 불길 속으로 즉시 뛰어들려고 하는 것처럼 용기를 끌어 모아 생각이 떠오르는 대로 내버려두었다. 나는 내 앞에 대성당과 푸른 하늘이 있는 것을 보았다. 하느님은 세상 저 위 높은 곳에서 황금보좌에 앉아 있고, 보좌 밑으로부터 거대한 똥 덩어리 하나가 화려하게 채색된 새 지붕에 떨어져 지붕을 산산조각내고 대성당의 벽을 모조리 부수고 있다.
> 바로 그것이었다. 나는 엄청난 안도감과 말할 수 없는 해방감을 느꼈다. 저주를 예상했는데 그 대신 은총이 나에게 임하고 그와 동시에 내가 전혀 알지 못했던 형언할 수 없는 축복이 임했다. 나는 행복감과 감사하는 마음으로 울었다. 내가 하느님의 가차 없는 준엄함에 쓰러져 복종하자 하느님의 지혜와 선이 나에게 드러났다. 그것은 마치 내가 계시를 체험한 것과도 다르지 않다.[7]

이 체험의 이야기에는 그가 추하다고 여겨 두려워하며 억압했던 똥 덩어리, 즉 그림자를 인식하고 직시해가는 과정이 잘 드러나 있다. 융은 이처럼 두려운 그림자를 직시하는 것이 하느님의 뜻이라고 여겼고 그림자를 직시한 후에 해방감과 은총을 느꼈으며 이를 축복이라고 여겼다. 그는

---

7 같은 책, 80쪽.

하느님의 황금보좌에서 내려온 똥 덩어리가 화려한 대성당의 지붕과 벽을 부수는 체험을 "모든 것을 치유하고 모든 것을 이해할 수 있도록 해주는 하느님의 은총의 기적"이라고 했다. 또한 "성서의 계명을 자신의 규범"으로 삼았고 "성서에 쓰여 있고 조상들이 가르친 대로 하느님을 믿었던" 목사였던 자신의 아버지는 이런 체험을 이해할 수도 없고 한 번도 체험하지도 못했을 것이라고 말했다. 오히려 융은 신실한 자신의 아버지가 여러 가지 그럴듯한 이유를 대고 깊은 신앙심을 앞세워 융 자신이 체험한 하느님의 의지에 대항하고 있다고 보았다. 또한 융은 자신의 아버지가 "직접 임하시는 하느님"을 모르며 "성서와 교회를 넘어서 전능하고 자유로운 하느님", "당신의 자유를 인간이 누리도록 촉구"하는 하느님을 모른다고 말했다. 융이 보기에 목사인 아버지는 하느님이 자신의 뜻을 실현하기 위해 인간에게 인간의 견해와 신념을 버리도록 강요할 수도 있다는 것에 무지했다.[8] 융은 이 체험을 통해 자신이 알게 된 하느님과 전통 신학 및 신앙을 가진 그의 아버지가 생각하는 하느님이 다르다는 사실을 깨달았던 것이다.

이 체험에 나타나는 '똥'은 인간과 종교가 두려워하고 억압해온 내부의 그림자라고 할 수 있다. 대성당과 똥은 각각 의식(화려한 대성당)과 그림자(똥 덩어리)를 상징한다고 볼 수 있다. 이 똥 덩어리, 곧 그림자는 '하느님의 황금보좌'에서 내려왔다. 인간과 종교의 그림자는 하느님(하느님의 보좌)으로부터 온 것이다. 이는 인간과 종교의 본래 자기, 즉 하느님이 창조한 인간과 종교, 세계의 본래의 모습은 그림자와 함께 있는 모습임을

---

8   같은 책, 81쪽.

의미한다. 그 때문에 이 체험은 억압되었던 그림자가 해방되는 경험이자 하느님과 융이 하나 되는 누미노제 체험임을 알 수 있다.

그러나 이 체험에서 무엇보다 중요한 사실은 그가 두려움 속에서도 용기를 내어 자신의 어두운 내면을 직시했다는 것이다. 훗날 융은 이 체험을 죄와 처벌만을 중시하는 교회를 거부하고 진정한 구원을 주는 하느님을 찾으라는 계시로 해석했다.[9] 창조하기 위해서는 파괴가 수반되어야 한다. 성대하고 화려한 대성당으로 상징되는 교회, 즉 왜곡된 자아(의식)에 취한 교회는 자신의 그림자를 똥 덩어리처럼 더럽고 추하다고 여겨 억압해왔다. 하지만 교회는 자신의 그림자를 직시함으로써 부서져야만 통합을 향해, 진정한 구원과 진정한 자기를 향해 나아갈 수 있다. 바로 이것이 하느님의 보좌에서 내려온 똥 덩어리에 맞아 대성당의 창과 지붕이 부서지는 환상을 본 융의 체험이 드러내는 의미일 것이다.

한편 「강아지똥」은 권정생이 쓴 첫 작품이다. 강아지똥은 버려져 멸시당하다가 어느 날 별을 바라보고 그리워한다. 그러다가 민들레에게 스며들어 별과 같이 빛나는 꽃을 피운다. 「강아지똥」은 개인과 시대가 처한 상황에 따라 다양하게 해석될 수 있지만, 나는 이 이야기를 억압당하고 버려진 그림자가 등장하고 마침내 그림자와 의식이 통합되어 진정한 자기, 진정한 구원을 이룬다는 뜻으로 읽었다.

「강아지똥」 이야기는 다음과 같은 내용을 담고 있다. 강아지똥은 추운 겨울 '골목길 담 밑 구석자리'에 버려진다. 날아가는 새들에게도 함께 뒹구는 흙덩이에게도 똥 중에서 제일 '더러운' 개똥이었던 것이다. 강아지

---

9   김성민, 『융의 심리학과 종교』(동명사, 1998), 30쪽.

똥은 길바닥에 떨어진 흙덩이가 밭으로 다시 실려 가기 전에 "하느님은 쓸데없는 물건은 하나도 만들지 않으셨어. 너도 꼭 무엇엔가 귀하게 쓰일 거야"라고 했던 말을 '혼자 웅크리고 앉아' 생각해보며 긴 겨울을 보낸다. 강아지똥은 새들에게도 엄마 닭에게도 여전히 쓸모없는 찌꺼기 취급을 당하며 눈물과 한숨을 짓는다. 그러면서 더럽고 쓸데없는 찌꺼기 똥까지 만들 필요는 없지 않느냐며 하느님을 원망하기도 한다. 밤이 되자 강아지똥은 '바람이 불고 비가 내려도 다음 날이면 역시 드높은 하늘에서 아름답게 반짝'이는 별을 눈부시게 쳐다보다가 '영원히 꺼지지 않는 아름다운 불빛'인 별을 그리워하게 된다. 강아지똥은 '이것만 가질 수 있다면 더러운 똥이라도 조금도 슬프지 않을 것 같아서' 가슴에 '그리운 별의 씨앗'을 심는다. 그러던 어느 날 강아지똥은 민들레 싹을 만나 이야기를 나눈다. 민들레 싹은 자신이 '하늘의 별만큼 빛나는 꽃'을 피울 수 있다고 말한다. 그 꽃을 피우기 위해서는 하느님께서 주시는 비와 따뜻한 햇빛과 함께 한 가지 더 꼭 필요한 것이 있는데, 강아지똥이 거름이 되어주어야 한다고 말한다. 민들레 싹은 강아지똥에게 "너의 몸뚱이를 고스란히 녹여 내 몸 속으로 들어와야 해. 그래서 예쁜 꽃을 피우는 것은 바로 네가 하는 거야"라고 말한다. 강아지똥은 민들레 싹에게 "내가 거름이 되어 별처럼 고운 꽃이 피어난다면 온몸을 녹여 네 살이 될게"라고 하며 땅과 민들레의 '뿌리에 스며들어 줄기를 타고 올라가 꽃봉오리를 맺는다'. 화창한 봄날에 반짝이는 '별처럼 피어난 민들레꽃'의 향기는 바람을 타고 퍼져 나간다. 방긋방긋 웃는 '꽃송이엔 강아지똥의 눈물겨운 사랑'이 가득 어려 있다.[10]

---

10 권정생, 「강아지똥」, 『똘배가 보고 온 달나라』(창비, 2002), 31~43쪽(필자가 요약

「강아지똥」 이야기에서 흙덩이는 버려진 강아지똥에게 "하느님은 쓸데없는 물건은 하나도 만들지 않으셨어. 너도 꼭 무엇엔가 귀하게 쓰일 거야"라고 말한다. 여기서는 하느님이 쓸모없는 것은 만들지 않았으므로 강아지똥(그림자)이 귀하게 쓰이는 것은 하느님의 뜻이라는 의미가 드러나 있다. 이는 융의 체험에서 그림자를 상징하는 똥 덩어리가 '하느님의 보좌'에서 내려오는 모습이 의미하는 바와 동일한 의미를 지닌다. 강아지똥이 '혼자 웅크리고 앉아' '쓸모없는 찌꺼기 취급을 받고' 눈물 흘리며 한숨을 쉬는 장면은 그림자가 의식에 의해 억압받고 소외된 상황을 잘 표현하고 있다. 더럽고 쓸데없는 찌꺼기인 똥을 만들 필요는 없지 않느냐고 하느님을 원망하는 장면은, 하느님은 쓸모없는 것은 만들지 않는다는 흙덩이의 말과 연관되어 똥이 상징하는 그림자가 쓸모없지 않다는 의미를 역설한 것으로 읽을 수 있다. 이 대목은 융이 똥 덩어리가 대성당을 부수는 환상을 보기 위해 용기를 냈던 이유와 같은 의미를 지닌다. 융은 갈등과 번민 끝에 아담과 이브가 잘못을 행한 것은 하느님이 그런 일을 하도록 아담과 이브를 만들었기 때문이라는 결론을 내린다. 아담과 이브가 죄를 지어야만 하는 것이 하느님의 의도였다면 융 자신을 이러한 상황에 놓이게 한 것도 하느님이었음을 알게 된 것이다. 아담과 이브는 인류의 조상이자 자신의 조상이기도 하기 때문에 융 자신도 이제까지 무섭고 두려운 죄라고 여긴 똥 덩어리가 대성당을 부수는 환상을 보기 위해 결단을 내리게 되었다고 말하는 것이다.[11] 번민과 고뇌를 통해 마침내 하느님 나

인용).
11   융, 『카를 융, 기억 꿈 사상』, 76~78쪽.

라에서 똥의 의미를 깨달아가는 과정이 드러나고 있는 것이다. 그림자(강아지똥, 똥 덩어리)가 하느님이 만든 본래 인간의 형상으로서 쓸모 있다는 의미는 「강아지똥」과 융의 똥 이야기에서 공통적으로 드러난다.

강아지똥이 쳐다보고 그리워하며 그 씨앗을 가슴에 심는 장면에서 나타나는 '별'이 진정한 자기, 진정한 구원을 의미한다는 사실은 「강아지똥」의 마지막 단락에서 확인된다. 강아지똥은 더러운 똥이지만 '이것(별)만 가질 수 있다면 슬프지 않을 것이라는 마음'으로 '별의 씨앗을 가슴'에 심는 것이다. 이는 자기실현의 상징인 '별'이 씨앗의 형태로 그림자를 상징하는 강아지똥에 깃들어 있음을 암시한다. 민들레는 강아지똥에게 '하늘의 별만큼 빛나는 꽃'을 피우기 위해서는 하느님이 주시는 비와 햇빛이 필요할 뿐 아니라 강아지똥도 거름이 '되어주어야' 한다고 말한다. 진정한 자기와 구원을 상징하는 별과 같은 꽃을 피우기 위해서는 하느님이 주시는 강아지똥, 곧 그림자가 필요하다는 사실을 드러내는 것이다.

이렇듯 「강아지똥」과 융의 체험에서 강아지똥과 똥 덩어리는 그림자를 상징하며 이 그림자는 하느님이 필요하기 때문에 만든 것이라는 뜻으로 읽을 수 있다. 또한 '거름이 되어주어야'에서 '주다'는 다른 무엇을 '위해' '어떤 행동을 한다'는 의미를 드러낼 때 쓰는 보조동사다. 그러므로 네(강아지똥)가 거름이 '되어주어야'라는 표현은 똥이 거름이 '되다'라는 말과는 달리 강아지똥(그림자)이 민들레나 꽃을 '위해 무엇을 한다'라는 의미를 강조한다고 볼 수 있다. 또한 거름은 땅과 땅에 뿌리내리고 사는 것들이 성장하기 위해 필요한 영양소라는 뜻을 갖는다. 그 때문에 '똥이 거름이 되어주어야 민들레가 꽃을 피운다'는 말은 똥(그림자)은 민들레(의식)와 꽃(자기완성)을 위한 것이라는 의미를 강조함과 동시에 '무엇을 한다', '무엇을 짓는다'라는 창조적인 변형의미를 동시에 담고 있다고 할 수 있다. 그렇다면 민들레가 강아지똥에게 "네가 거름이 되어주어야만 꽃을 피울 수 있다"라고 말한 대목은, 진정한 구원(꽃)을 위해서는 하느님의 은혜뿐만 아니라 자신의 그림자를 움직이는 과정(똥이 거름이 되는 과정)이 필요하며 이러한 그림자의 움직임을 통해 진정한 자기에 이를 수 있음을 드러낸다고 볼 수 있다.

융의 이론에서 억압당한 그림자를 움직여(직시를 통해) 통합에 이르게 만드는 것은 의식이다. 따라서 진정한 자기에 이르기 위해서는 그림자뿐만 아니라 그림자를 직시하는 의식도 중요하다.[12] 이미 살펴본 것처럼 융의 이야기에서도 하느님의 보좌에서 내려오는 똥 덩어리가 대성당과 만나는 체험을 앞두고 융은 고통과 갈등을 겪지만 마침내 그(그의 의식)가 똥 덩어리(그림자)를 직시하자 해방감과 은총을 경험하는 장면이 나온다. 융이 두려움을 넘어서 그림자를 '직시하려는 용기'를 냈기 때문에 똥 덩어리와 대성당, 즉 그림자와 의식이 통합되었고 해방감과 은총을 경험할 수 있었던 것이다.

「강아지똥」 이야기의 마지막 단락에서는 마침내 강아지똥이 민들레의 몸속으로 '스며들어가' 꽃봉오리를 맺는다. '스며들다'라는 말은 '스미다'와 '들다'가 결합해 만들어진 것으로 '속으로 배어들다'라는 뜻을 나타내는 합성동사다. 분리된 것이 하나가 되어가는 과정의 움직임을 섬세하게 포착한 표현이다. 피어나는 모든 꽃은 새로운 꽃이다. 여기서는 분열을 극복하고 민들레꽃을 피워 새로운 존재로 거듭나는 존재의 역동성을 '스

---

12   김성민, 『융의 심리학과 종교』, 85쪽.

머들다'라는 동사로 탁월하게 표현하고 있는 것이다. 스며든 것들은 쉽게 분리되지 못한다. 분리되지 않는다. 스며들었다는 것은 구분이 없고 경계가 무화된 상태를 의미하기 때문이다. 그림자를 상징하는 강아지똥과 의식과 자아를 상징하는 민들레는 통합해 꽃을 피워낸다. 진정한 자기를 실현해 구원에 이르는 것이다. 별처럼 피어난 민들레꽃의 향기는 바람을 타고 퍼져나간다. 억압되고 소외당한 그림자의 해방은 그림자를 의식과 통합함으로써 이뤄지며 이러한 통합은 그림자를 직시하는 데서 시작된다. 별과 같은 민들레꽃의 향기는 자기 내부의 그림자를 통합한 '진정한 자기', 즉 분열을 극복한 인간과 종교가 품어내는 향기로서 바람을 타고 세상으로 퍼져나가는 것이다.

•• 기독교의 그림자

정신분석가인 로버트 존슨Robert A. Johnson은 "자아ego는 본연의 자기가 아니라 의식적으로 생각하는 자신이며 자기가 누구라고 인식하는 자신"이라고 말한다.[13] 자아는 부모한테 이어받은 요소에 세상을 살면서 자기 자신이라고 여기는 것들이 더해져 형성되는 것이라고 할 수 있다. 그림자는 융이 만든 개념으로, 자신의 일부이지만 자아가 그 존재를 인식하기를 두려워하거나 거부하기 때문에 자아 반대편의 무의식에 생긴 정신적 요소다.[14] 융의 심리학은 인간의 정신구조가 의식과 무의식이라는 두 개의 대

---

13   로버트 존슨, 『당신의 그림자가 울고 있다』, 고혜경 옮김(에코의서재, 2007), 19쪽.

극으로 구성되어 있으며 이 두 극이 통합함으로써 온전한 인간이 될 수 있다고 본다. 프로이트가 리비도libido를 성적 에너지로 본 것과 달리 융은 리비도를 인간의 의식과 무의식 두 부분 모두에 작용하는 역동적인 에너지로서 언제나 일정한 양을 지니고 있는 것으로 보았다. 그 때문에 의식에 작용하는 리비도의 양이 초과되면 초과된 양만큼 무의식에 작용하는 리비도가 손실되어 손실된 양을 보상하려 한다고 여겼다. 융은 리비도가 일정 양을 유지하는 것은 의식과 무의식이 서로를 보상하려고 하기 때문이라고 보았으며, 리비도는 인간의 정신구조가 균형을 이루기 위해 자동적으로 조절하는 체계라고 분석했다.[15]

무의식에 있는 그림자는 평상시에는 의식에 의해 자각되지 않고 억눌려 있으나 때때로 외부에 있는 다른 존재로 자신을 투사projection함으로써 자신을 드러내기도 한다. 이부영에 따르면 투사에는 개인적 투사와 집단적 투사가 있는데, 이들 투사는 긍정적으로도 부정적으로도 작용할 수 있다. 긍정적인 투사는 자신의 내면을 외부에 있는 존재와 동일시함으로써 긍정적인 공감대를 형성할 수 있다. 그러나 대부분의 집단 투사는 집단의 성원이 집단의 의식과 자신을 동일시하기 때문에 일어나는 것으로, 집단의 의식(자아)이 내부에서 열등하다고 여겨 억압한 성향을 다른 집단에 뒤집어씌우는 것이다. 독일의 나치즘, 미국의 매카시즘, 한국의 지역감정 등은 내부의 그림자를 밖을 향해 집단 투사한 예라고 할 수 있다.[16] 프로

---

14   김성민, 『융의 심리학과 종교』, 110~111쪽.

15   에르나 반 드 빙켈, 『융의 심리학과 기독교 영성』, 김성민 옮김(한국심리치료연구
      소, 2010), 74~75쪽.

16   이부영, 『그림자』, 131~143쪽.

이트는 무의식을 자아가 승화시켜야 할 위험한 것이라고 본 데 비해 융은 프로이트의 이러한 견해를 비판적으로 계승하고 발전시켰다. 융은 개인 뿐만 아니라 집단의 자아가 무의식을 어떻게 바라보고 수용하는가에 따라 무의식은 창조적으로 발화發花될 수 있다는 데 중점을 둔 것이다. 전일 적인 개인과 집단이 되는가, 아니면 내부의 어두움을 밖으로 끊임없이 투 사하는 개인과 집단이 되는가는 무의식의 그림자에 대해 어떤 태도를 취 하느냐에 달려 있다.

일본의 대표적인 융 연구가인 유아사 야스오湯淺泰雄에 따르면 융은 "그 리스도교 기본 신앙에 충실하지는 않았지만 그리스도교와 그리스도교의 신에 헌신한 사람이었으며 그리스도교 정신사의 어두운 면과 밝은 면을 동시에 냉정하게 보려 한 사람"이었다. 그는 또한 융의 기독교 비판이 현 대에 "그리스도교의 정신을 재생시키려는 비애어린 비판"이었다고 말한 다.[17] 융과 권정생은 둘 다 기독교에 몸담고 있던 사람들로서, 종교 중에 서도 특히 기독교에 관심을 두고 비판과 대안을 제시하려 했다고 볼 수 있다.

융의 분석심리학의 관점으로 해석한 권정생의 「강아지똥」 이야기와 융의 어린 시절 똥 이야기가 인간과 종교에 주는 의미는 그림자와 의식을 조화시키려는 노력을 통해 온전한 인간, 온전한 종교의 의미를 찾을 수 있다는 것이다. 그러므로 이들 이야기는 자신 내부의 어두움을 자신 외부 의 약하고 힘없는 존재들을 향해 투사하는 폭력을 거두어야만 인간과 종 교의 자기실현이 가능하다는 것을 말하고 있다. 따라서 이 두 사람의 똥

---

17   유아사 야스오, 『융과 그리스도교』, 이한영 옮김(모시는사람들, 2011), 55~56쪽.

이야기는 기독교에 진정한 구원이 무엇인가라는 화두를 던지고 있으며 역사를 통해 기독교가 현시하는 구원을 성찰하게 만든다.

그렇다면 기독교의 그림자는 무엇이며 기독교는 자기 내부의 그림자를 어떻게 다뤄왔는가? 융의 이론에 따라 그림자 개념을 성찰하는 존슨은 "역사의 어두운 장은 자신의 그림자를 타인에게 전가"하기 때문에 펼쳐진다고 말한다.[18]

일레인 페이절스Elaine Pagels는 기독교와 서구 문명의 도덕과 사회, 정치적 차원에까지 영향을 미치고 있는 창세기(1~3장) 해석이 1세기부터 4세기까지 어떻게 변화했는지 성찰했다. 그에 따르면 1~2세기 동안 개인의 자유와 평등을 주장했던 기독교는 4세기 로마제국의 종교가 되면서 인간의 자유와 평등, 성적 욕망을 제국적 질서를 위해 통제하고 억압했다. 1~2세기 동안 기독교인들은 모든 인간은 하느님의 형상에 따라 창조되었다고 창세기를 해석했다. 이러한 해석에 따르면 모든 인종과 노예, 장애인과 아이들은 양도할 수 없는 평등과 자유를 가졌기에 이 해석은 차별과 억압에 저항할 수 있는 동력이 되었다. 4세기에 이르러 기독교가 로마의 국교라는 새로운 상황에 놓이자 아우구스티누스는 모든 억압과 속박으로부터의 자유로 읽었던 이전의 창세기를 "인간에 대한 속박"으로 바꿔 해석했다.[19] 페이절스에 따르면 창세기 해석을 통해 아우구스티누스는 인간의 죽음과 성적 욕구뿐 아니라 도덕적 자유와 정치적 자유도 죄로 만들었으며, 이는 국가와 교회가 대중을 통제하기 용이하도록 만들었다. 아우

---

18   존슨, 『당신의 그림자가 울고 있다』, 50쪽.

19   일레인 페이절스, 『아담, 이브, 뱀』, 장혜경·류점석 옮김(아우라, 2009), 13~23쪽.

구스티누스의 원죄설은 이후 오늘날까지 인간 본성, 심리적·정치적 사고, 성과 고통, 그리고 죽음에 대한 서구의 사고방식에까지 깊은 영향을 미치고 있다.[20]

페이절스의 성찰은 기독교가 이전에는 자신으로 인정하고 긍정했던 면들을 시대적 변화에 따라 죄로 규정해 억눌렀다는 사실을 보여준다. 페이절스는 아우구스티누스가 "원죄의 출발점을 아담에게서 찾으며 언어, 특히 성정치적 언어를 구사"하며, "플라톤의 철학에서 깊은 영향을 받은 아우구스티누스는 정치학의 용어로 영혼과 육체의 역할을 규정"했다고 비판한다.[21] 제국적 이데올로기를 구축하는 과정에 동참하기 위해 기독교가 성정치를 통해 인간의 자유 및 여성과 죽음을 타자화하고 억압했다는 것이다. 아우구스티누스를 비롯한 고전적 기독교에서 규정하는 죄의 개념, 즉 죄에 대한 형이상적인 이해는 하느님이 부여한 온전성을 인간이 회복하기란 그다지 낙관적이지 않음을 일깨우는 영향력 있는 분석일 수 있다. 그러나 로즈메리 류더Rosemary Ruether의 성찰처럼 '그럼에도 불구하고' 기독교의 이러한 유산이 인간의 역사에서 악을 정당화하고 합리화하는 데 쓰여온 데 대해 반성적 성찰과 물음이 필요하다.[22]

존슨은 "페르소나는 우리가 되고 싶어 하는 모습인 동시에 우리가 세상에 드러내고 싶어 하는 모습이다"라고 정의한다.[23] "그림자는 내면에서 수

---

20   같은 책, 26~29쪽.

21   같은 책, 209쪽.

22   로즈메리 래드퍼드 류더, 『가이아와 하느님』, 전현식 옮김(이화여자대학교출판부, 2000), 167쪽.

23   존슨, 『당신의 그림자가 울고 있다』, 19쪽.

용되지 못한 어두운 부분"이라는 융 이론에 따르면[24] 기독교는 제국이라는 지배 체제에 맞는 페르소나를 유지하는 데 집중하면서 인간의 자유와 여성, 육체를 소외시켜 그림자를 만들어갔다는 사실을 알 수 있다. 즉, 제국의 질서에 부합하는 페르소나를 유지하는 데 두려움이 된다고 여겨지는 위협적인 요소들을 억누르기 시작했던 것이다. 융은 페르소나에 사로잡혀 페르소나와 자신을 동일시하면 자신의 진정한 모습이 감춰지기 때문에 위험하다고 보았다.[25] 따라서 페르소나가 강화될수록 자신의 모습인 그림자를 두려워하고 무시하게 되어 무의식에 억압된 그림자가 짙어진다고 볼 수 있다. 지배 체제의 질서에 복무하기 위해 기독교가 부인하고 거부했던 측면은 사라지지 않고 기독교의 페르소나 저편의 어둠으로 쌓여갔던 것이다. 융에 따르면 그림자는 인간과 집단의 정신구조를 이루는 본성적인 것이다. 자신의 본성을 이루는 한쪽을 부인하고 부정적으로 규정해 억누를 때나 페르소나를 유지하기 위해 그림자를 강하게 억누를 때 그림자는 투사를 통해 자신의 모습을 드러낸다.

•• 기독교의 그림자 투사, 마녀사냥

월터 윙크Walter Wink는 로마제국의 시기에 교회는 예수가 항거했던 "계층적이고 폭력에 근거한 체제"에 굴복했으며 이러한 태도는 이후 이단자들과

---

24 같은 책, 61쪽.
25 빙켈, 『융의 심리학과 기독교 영성』, 70~71쪽.

마녀를 색출해 죽이는 행위와 십자군전쟁, 기독교인의 기독교인을 향한 전쟁, 유대인을 향한 전쟁으로 너무나 자명하게 이어졌다고 보았다.[26] 기독교 초기 역사에서 억눌렸던 기독교의 그림자는 14세기에서 17세기 동안 서양에서 일어난 마녀사냥을 통해 그 얼굴을 드러냈다. 이 시기에 유럽에서 희생된 사람들은 50만 명에 이르는데, 이들 중 80%는 여성이었고 대체로 농민이었다.[27] 이부영은 "강력한 그림자 투사는 개인이든 집단이든 변환의 바로 직전에 일어날 수 있다"라고 말한다.[28] 마녀가 탄생하는 원리를 탐구한 이택광은 "유럽에서 마녀사냥이 일어난 시기는 가톨릭교회의 권위에 심대한 도전이 있던 시기였다"라고 보았다.[29] 그는 "히브리어로 마녀는 '므카세파'인데, 이 말은 마법을 사용하는 사람을 뜻할 뿐, 여성이라는 의미는 포함되지 않았고 섹스와 관련된 뉘앙스도 없었다"라고 분석한다. 고대에서 마법이 하던 역할은 질병과 출산, 기후와 농사에 관여해 사회적이고 공동체적인 문제를 해결하는 것과 관련 있었다. 그러나 14세기부터 17세기까지는 '마법'에 섹슈얼리티가 추가되어 마법을 사용하는 사람은 악행을 저지르는 '마녀'로 인식되었다.[30] 즉, 마법은 "베버가 『종교사회학』에서 말했던 테크놀로지라는 중립적인 의미"를 잃고 "반기독교적인" 악마적인 "요술"로 변화된 것이다.[31]

---

26 월터 윙크, 『사탄의 체제와 예수의 비폭력』, 한성수 옮김(한국기독교연구소, 2004), 105쪽.
27 마빈 해리스, 『문화의 수수께끼』, 박종렬 옮김(한길사, 1996), 198쪽.
28 이부영, 『그림자』, 129쪽.
29 이택광, 『마녀 프레임: 마녀는 어떻게 만들어지는가』(자음과모음, 2013), 21쪽.
30 같은 책, 29~33쪽.

마빈 해리스Marvin Harris에 따르면 A.D. 1000년경에 교회는 마녀는 악마가 만들어낸 환영에 불과하다고 공식 발표했지만 500년 후에는 다시 이와 정반대로 마녀를 환영이라고 여기는 자는 악마와 손잡는 사람이라고 공식 표명하기에 이르렀다.[32] 이러한 해리스의 언급은 교회가 지배질서를 유지하기 위해 마녀를 탄생시킨 과정을 집약적으로 드러낸다. 이택광은, 마녀에 대한 새로운 개념의 탄생을 체계적으로 뒷받침한 것은 세계를 선악으로 이분된 갈등 상황으로 파악한 도미니크회였다고 본다.[33] 1486년에 출판된『마녀의 망치Malleus Maleficarum』는 교황 이노센트 8세의 지시로 도미니크회 수사인 헨리 크레이머Henry Krammer와 제임스 스프렌저James Sprenger가 썼는데, 이들이 근거로 삼은 것은 "마녀를 살려두지 말라"라는 출애굽기 22장 18절이었다.[34] 마녀를 식별하고 사냥하는 방법을 내용으로 한 이 책은 여성의 악마화를 결정적으로 도모한 마녀사냥 가이드북이었다. 이택광은 당시 엘리트 계급이 쓴 이 책이 대중화된 것은 인쇄술의 발달 때문이었다고 본다.[35] 종교재판 또한 이전에는 이교도들을 심문하는 데 집중하다가 15세기 이후 마녀사냥에 몰두하게 되었다. 이택광은 가톨릭이 중세 위계 체계의 균열을 자신들의 위기로 받아들였을 때 마녀사

---

[31] 같은 책, 38쪽.

[32] 해리스,『문화의 수수께끼』, 201쪽.

[33] 이택광,『마녀 프레임』, 38쪽.

[34] 이택광의 책 27쪽에는 "마녀를 살려두지 말라"는 내용이 출애굽기 22장 10절에 나오는 것으로 되어 있으나 현재 통용되는 번역 성서에서는 출애굽기 22장 18절에 나온다. 여기서는 번역 성서를 따랐다.

[35] 같은 책, 49~51쪽.

냥이 발생했으며, 마녀사냥이라는 과정을 거친 후에 도미니크회와 종교 재판소가 가톨릭 세계에서 패권을 장악했다는 사실에 주목하고 있다.[36] 해리스와 이택광의 이러한 통찰은 교회가 마녀사냥을 위한 이데올로기를 유포하고 내면화시키는 데 중요한 몫을 담당했으며 시대적 위협 속에서 자신의 권력을 확고하게 유지하기 위해 교회가 성정치를 구현했다는 사실을 보여준다.

마녀사냥이 가장 심하게 일어났던 시기는 종교개혁과 근대에 이르는 시기였는데, 당시에는 인쇄술의 발달로 인해 종교개혁이 내세운 기치뿐만 아니라 마녀사냥에 대한 새로운 지식도 대중에게 폭넓게 확산되었다. 해리스에 따르면 이 시기는 전염병과 봉건주의의 붕괴, 강력한 민족국가의 출현, 무역과 시장경제 금융제도의 발달로 신본주의적 중세의 질서에 분화가 촉진되던 때였다. "토지와 소유권이 분할되고, 농노와 가신 대신 지주와 소작인이 생겼으며, 영주 대신 환금작물을 지배하는 기업농이 생겼다." 이러한 상황에서 농민들은 거주지를 잃고 도시로 떠나 임금 노동자로 전락했으며 그들의 생활은 경쟁적인 상업화와 이윤에 지배되어 빈곤과 소외가 늘어났다.[37] 세계의 역사에서 그리스도의 재림을 포함한 메시아니즘이 나타나는 시기를 보면 민중이 고통과 핍박을 당한 시기에 편중되어 있다. 해리스는 메시아적 사회 저항운동과 마법 광란이 평행을 이루며 진행되었던 까닭이 "마녀사냥꾼들의 주장과 목적과는 상관없이 실제적이고 현실적인 결과들을" 겨냥하고 있었기 때문이라고 본다.[38] 그에

---

36 같은 책, 21쪽.
37 해리스, 『문화의 수수께끼』, 211~212쪽.

따르면 마녀사냥의 주된 결과는 가난한 사람들이 자신들의 비참한 삶의 원인을 영주나 교황 등 당시 지배 권력의 잘못에서 찾는 것이 아니라 마녀나 악마 때문이라고 여기게 된 것이다. 즉, 국가와 교회는 중세 후기 사회적 위기에 대한 책임을 마녀라는 가상 괴물에게 전가했으며, 마녀사냥은 가난한 이들이 부의 재분배 및 사회계급 타파를 요구하고 교회와 국가라는 제도에 저항하는 힘을 상쇄하기 위해 만든 "사회적 특권층의 마법적 총탄"이었다는 것이다.[39]

마녀사냥과 자본주의 시초축적 간의 관련성을 연구한 실비아 페데리치Silvia Federici의 글은[40] 기독교가 시대적 변환의 시기에 지배질서를 구축하는 과정에서 그에 걸맞은 옷(페르소나)을 입기 위해 자기 내부의 그림자를 여성을 향해 투사했음을 보여준다.

분명, 마녀사냥은 정치적 기획이었다. 그렇다고 해서 이 박해에 참여한 교회의 역할이 축소되지는 않는다. 로마 가톨릭교회가 마녀사냥의 형이상학적·이데올로기적 발판을 제공했고, 과거에 이교도 박해를 사주했던 것처

---

38 같은 책, 222쪽.

39 같은 책, 223~224쪽.

40 시초축적은 마르크스가 사용한 개념으로서, 자본주의의 출발은 자본과 노동이 축적되어야 가능하다는 것을 의미한다. 또는 자본주의 생산양식에서 초기 자본의 형성 방식을 역사적으로 살피는 것을 의미하기도 한다. 실비아 페레리치는 시초축적을 남성 임금 프롤레타리아트의 관점과 상품 생산 발달 과정을 더해 분석한 마르크스와 달리 여성과 신체의 관점에서 다룬다. 무엇보다 16~17세기 마녀사냥을 자본주의 발달에 영향을 미친 중요한 요인으로 보면서 시초축적의 폭력적인 측면에 주목한다. 실비아 페데리치, 『캘리번과 마녀』, 황성원·김민철 옮김(갈무리, 2011), 29~31쪽.

럼 마녀 박해를 부추겼다. 종교개혁이 없었더라면, "마녀"를 색출해서 벌하라는 세속 정권에 대한 교황들의 수많은 교지가 없었다면, 그리고 무엇보다 수세기 동안 이어진 교회의 여성혐오적 공격이 없었더라면 마녀사냥은 불가능했을 것이다.

종교개혁에서는 교회와 국가의 협력이 훨씬 긴밀해져서 국가가 교회가 되거나(잉글랜드의 경우), 교회가 국가가 되었다(제네바의 경우와, 정도는 약하지만 스코틀랜드의 경우). 여기서는 권력의 한 분파가 입법과 행정을 맡았고, 종교 이데올로기가 공개적으로 정치적 의도를 드러냈다. 가톨릭과 청교도 국가 모두 다른 영역에서는 서로 전쟁을 치르면서도 마녀를 박해할 때만은 어깨를 걸고 뜻을 같이했다는 사실은 마녀사냥의 정치적 본성을 깊이 드러낸다. 따라서 마녀사냥은 종교개혁으로 인한 분란 이후 유럽 통합의 첫 사례이자 새로운 유럽 국민국가 정치에서 최초의 통합의 장이었다.[41]

이부영, 해리스, 이택광과 함께 페데리치 또한 마녀사냥이 일어난 시기에 주목할 필요가 있음을 역설하고 있으며, 봉건제가 종식된 이후 자본주의가 정착하기 이전까지의 혼란과 격변의 시기를 "무주공산"의 시기라고 표현한다.[42] 시대적으로 무언가 채울 것이 필요한데 채워지지 못해서 혼란하지만 비워져 있는 상태였으며 무언가 체계를 잡을 필요성이 대두되던 시기였다는 것이다. 페데리치는 이러한 시대적 상황과 맞물려 절정을

---

41 같은 책, 246~247쪽.
42 번역된 책을 참조했으므로 저자가 정확히 어떤 단어를 사용했는지 알 수 없으나, 번역서에는 '무주공산'으로 표현되어 있다. 같은 책, 239~240쪽.

이룬 마녀사냥은 중세가 몰락하고 근대로 이행하는 과정에서 국가와 교회가 자본주의적 체계의 질서를 세우기 위해 활용한 배제 논리이자 통치술이었다고 비판한다. 그는 "마녀사냥은 여성에 대한 전쟁"이라고 규정하는데,[43] 여성들은 격변과 혼란 그리고 이에 대한 저항과 소요를 효과적으로 통제하기 위한 희생양이었음을 뜻한다. 역사적으로 질병과 출산에 관여하는 치유자이자 농사와 기후에 관여하는 예언자였으며 에로스적 통합의 힘을 지닌 마녀는 사제와 근대 의료과학, 자본주의 등의 경쟁자였으며 그들을 위협하는 공공의 적이었던 것이다.[44] 페데리치는 "마녀사냥에서 악마는 신의 충실한 종복이었다", "신의 은밀한 하수인처럼 악마는 여러 세력의 경쟁을 깔끔하게 정리하고 신을 배타적인 지배자로 다시 세움으로써 세상의 질서를 부여했다"라고 주장한다.[45]

윙크는 복음서의 "누구든지 자기 목숨을 아끼는 사람은 목숨을 잃을 것이며 이 세상에서 자기 목숨을 미워하는 사람은 목숨을 보전할 것이다"라는 구절에서 기독교의 어둠에 대한 깊은 의미를 읽어낸다. '목숨을 아낀다make life secure'는 의미는 '빙 두른다make around'라는 뜻으로, "전답이나 토지에 경계선을 설치하는 것을 의미"한다는 것이다. 사탄은 지배 체제의 정신이라고 말하는 그는 이렇게 부연한다.

자기의 목숨을 둘러싸는 경계를 만들고 그것을 보호하고 제한하려는 사

---

43   같은 책, 275쪽.

44   마녀는 마법사가 지닌 연금술적인(통합적인) 힘을 지니고 있다고 여겨지기도 했다. 같은 책, 293쪽.

45   같은 책, 303쪽.

람들은 그 목숨을 잃거나 파괴시킬 것apolesei이니, 이는 이렇게 생겨난 아집 the ego이 의식적으로 발전시킨 부분은 진짜 그 자신의 전체 윤곽의 아름다움이 어떤지 알지 못하기 때문이다. 심층심리학이나 동양의 신비종교들은 모두 에고의 죽음을 대해 심오하게 설명한다. 융은 자아중심주의를 자신의 더 큰 차원에 묶인 '자율적 복합증상autonomous complex'으로서 일종의 자아 홀림 현상으로 본다. 이러한 접근 방법들이 명확히 설명하지 못하는 것은, 자아가 어느 정도 내면화된 사회적 관습의 짜인 그물이며 지배 체제에 의해 날조된 자기 정의인가 하는 점이다. 우리는 자율적으로 내면화된 콤플렉스로서의 자아뿐만 아니라 내면화된 타율적인 외부 신념에 의해서도 정신이 지배되고 있다. 이러한 자아 중심의 사회적 차원이 제대로 취급되지 않기 때문에 '새로 태어남重生'의 진정한 종교적 경험조차 근본적으로 변화된 삶을 만들어내지 못한다.[46]

윙크의 이러한 주장은 이 글에서 자아 및 자기의 개념에 대해 주장하는 바와 동일한 맥락에 있다고 할 수 있다. 융의 이론을 바탕으로 글을 전개하되, 개인과 집단의 자아에 의한 억압으로 그림자가 형성될 때의 '자아'와 '자기', '그림자'에 관한 성찰은 사회적 관습과 지배 체제 사이의 연관성을 좀 더 강조하고 고려해야 한다고 보기 때문이다. 중세 말과 근대로의 이행기에 기독교의 엘리트들은 신의 이름으로 지배 체제의 권력이라는 악과 영합해서 자신들의 집단과 밖을 울타리 치는 인클로저 전략을 성공시키기 위해 여성을 타자화했다. 페데리치에 따르면, 신세계 정복자들과

---

46   윙크,『사탄의 체제와 예수의 비폭력』, 300~301쪽.

기독교의 선교사들은 토착민들을 굴복시키기 위한 수단으로 악마 숭배를 탄압했다. 이러한 점에서 마녀사냥은 연구를 심화할 필요성이 큰데도 유럽사와 세계사에서 가장 덜 연구된 분야로 남아 있다.[47] 기독교는 자신의 초기 역사에서 망각된 오래된 이야기, 여성의 섹슈얼리티를 변형시켰던 이야기를 마녀사냥을 통해 새롭게 재현했던 것이다. 그러나 이러한 재현은 그것으로 끝나지 않고 지속되었다.

융에 따르면, 그림자는 자아가 팽창함으로써 형성되는 것이라 할 수 있다.[48] 중세의 마녀사냥은 지배 체제와 영합해 기독교의 권력을 확고히 하려는 자아의 오만, 즉 자아에 사로잡혀 일어난 것이라고 볼 수 있다. 융에 따르면 자아는 자신 내부의 깊숙한 곳에 있으면서 자신의 중심인 자기원형the self과 만나기 위해 철저하게 깨어져야 한다. 융은 이렇게 말한다.

동물을 길들이는 것은 아주 오랜 시간이 걸리는데, 그것은 자아 중심적인 개인을 전부 해체하는 것으로부터 시작된다. 자신을 해체하는 것은 자기가 되는 것을 의미한다. 왜냐하면 그전에 자아라고 생각되었던 것들은 나를 초월하고 모든 면에서 나를 지배하는 더 넓은 어떤 것 안에 모아지기 때문이다.[49]

---

47 페데리치, 『캘리번과 마녀』, 237쪽.
48 빙켈, 『융의 심리학과 기독교 영성』, 70~73쪽.
49 C. G. Jung, *Le divine dans l'homme*(Paris: Albin Michel, 1999), p. 199. 김성민, 「하느님 이미지와 원형적 그리스도: 새로운 시대와 새로운 그리스도」, ≪한국기독교신학논총≫, 제24집(2002. 4), 496쪽에서 재인용.

이택광은 중세에 마녀를 생산하는 중요한 기제였던 사바트sabbath(마녀들의 연회)에는 예수와 마리아 대신 두꺼비와 고양이, 염소 등이 등장하며 미사에서 십자가에 입을 맞추는 모습 대신 마녀들은 악마의 등에 입을 맞추는 것으로 묘사되었는데, 이는 기독교적 상상 이미지이며 "기독교 세례식의 패러디"라고 말한다.[50]

이택광의 언급은 기독교가 밖으로 투사했던 것이 기독교 자신의 내면임을 말해준다. 중세의 기독교 엘리트들은 자기 내부의 어두운 동물성을 외부에 있는 무고한 여성을 향해 투사해 섹슈얼리티를 왜곡했다. 이러한 왜곡은 이익과 소비를 조장하기 위해 분리를 통해 성과 자연을 착취하고 상품화하는 자본주의 체제와 긴밀한 연관관계를 형성하고 있다. 과거의 어두움이 현재의 어두움으로 이어지고 있는 것이다.

•• 마녀사냥을 통해 본 구원의 의미

융에 따르면 자기를 찾아가는 것은 자기 내부의 그림자, 즉 동물성을 직시하고 해체하는 것을 의미한다. 이부영은, 마녀사냥은 그 당시 획일적이던 율법주의와 남성들 내부의 왜곡된 아니마anima의 이미지가 결부되어 밖으로 집단 투사된 것이라고 본다.[51]

융은 자기원형은 외부에 있는 것이 아니라 내부에 있다고 말한다. 그

---

50   이택광, 『마녀 프레임』, 39~40쪽.

51   이부영, 『그림자』, 130쪽.

러므로 개성화를 의미하는 자기실현은 자기 내부의 그림자를 찾아가는 것이자 동시에 자기원형을 찾아가는 것이다. 기독교가 지배 권력을 유지하기 위해 확장시켰던 자아를 해체하기 위해서는 자신의 과거와 현재의 어두움으로 내려가야 한다. 자신의 두려운 내면과 대면해야 하는 것이다. 내려가는 것은 겸손해지는 것이고 자신의 그림자를 받아들이는 것이다. 이 내려가기를 이끄는 것은 대극을 통일한 예수다. 융에 따르면 대극을 통일한 하느님은 자기 내부에 있다. 그 중심을 찾아가는 길은 자신의 어둠으로 내려가 어둠을 직시하는 것이기도 하다. 그러나 이 길은 기독교 역사가 말해주듯이 결코 쉬운 길은 아닐 것이다.

타자성과 시간의 관계를 성찰한 손영미는 창조, 타락, 구원으로 이어지는 기독교의 단선적이고 진보적인 시간관이 주체와 타자의 관계를 규정·지배한다고 본다.[52] 기독교 서구 문명의 주체는 시간이 갈수록 자신은 진보·성장한다고 보는 반면, 다른 나라나 여성, 자연과 문화는 발전되지 못한, 미개하고 무시간적이며 비능률적인 대상으로 인식한다는 것이다. 이러한 시간관은 자기 자신으로부터도 소외되는데, 이러한 시간관의 문제점은 과거를 "비합리적 무덤"으로 인식한다는 데 있다.[53] 이러한 태도는 결국 자신의 과거를 반성적으로 돌아보기를 거부하며 현실과 연관되고 중첩되는 고리를 인식하지 못하는 것이다. 이러한 시간관과 세계관은 생산성과 이익을 극단적으로 추구하는 자본주의의 성장주의와 맞닿아 있

---

[52] 손영미, 「미국문학과 타자성의 문제: 어슐러 르 권과 토니 모리슨」, ≪영어영문학연구≫, 제2호(2001. 12), 176쪽.

[53] 같은 글, 177쪽.

다. 김성민은 융의 관점에 기대 자기실현의 과정, 즉 "개성화 과정은 앞으로 나아가는 기간이 있는가 하면 뒤로 후퇴하는 기간도 있고, 직선형으로 나아가지 못하고 나선형으로 진행되는 것"이라고 말하기도 한다.[54]

김성민의 언급은, 메타노이아metanoia(의식의 변화 및 삶의 변화)는 자신의 현재와 과거 사이를 역동적으로 움직이는 가운데 진행되어간다는 의미로 읽을 수 있다. 기독교는 이제까지 자신의 현재 모습을 정당화하고 강화하기 위해서만 과거를 현재에 끌어왔다. 이것은 '돌아봄'을 의미하지 않는다. 기독교가 자기 내부의 비합리성이라는 어둠을 직시한다는 것은 과거와 현재의 어둠으로 동시에 내려가 마주해야 한다는 것을 의미한다. 존슨은 중세에는 교회마저 그림자 정치에 동참하는 가운데 극소수의 성인과 일부 베네딕트 수도원, 신비가들만 투사게임에서 놓여날 수 있었다고 말한다.[55] 도로테 죌레Dorothee Soelle에 따르면, 신비주의는 "이전에 알려지지 않은 전체적인 것으로 젖어드는 것"이자 살아 있는 "모든 것과 하나 됨의 감정"이며 "이기적 자아를 지양하고 진정한 자아를 회복"하는 것이다.[56] 신비주의는 하느님과 인간, 남성과 여성, 인간과 자연 등 모든 시공간에서 타자화된 것들과 연합하려 했기 때문에 역사에서 분열에 대해 저항할 수 있었다. 그러나 신비주의가 품고 있는 이러한 에로스적 힘은 '영혼의 어두운 밤'을 통과했기 때문에 가능했다. 고통과 고독의 칠흑 같은 어둠을 감내했기에 에로스적 창조의 힘을 지닐 수 있었던 것이다. 그러

---

54 김성민, 「하느님 이미지와 원형적 그리스도: 새로운 시대와 새로운 그리스도」, 496쪽.
55 존슨, 『당신의 그림자가 울고 있다』, 50쪽.
56 도로테 죌레, 『신비와 저항』, 정미현 옮김(이화여자대학교출판부, 2007), 45쪽.

므로 신비주의자들에게 "밤"은 "가장 근원적 창조"의 핵심으로 가는 것이 기도 했다.[57] 기독교는 자아에 의해 투사된 그림자를 직시하는 고통을 통해서만 진정한 자기에 이를 수 있다. 이는 그림자에서 샘물이 솟아나고 그림자에 황금이 묻혀 있다는 역설적인 말이 진정으로 의미하는 바다.[58]

역사에서 기독교의 자아는 무수한 타자를 대상으로 확장되고 세워졌다. 그러므로 기독교가 내부의 어둠으로 내려가는 것은 희생당한 많은 여성과 타자의 몸의 상처로 들어가는 것, 세상의 어둠으로 내려가는 것이기도 하다. 죌레는 이렇게 말한다.

> 독일 나치의 가스실에 있는 감추어진 하느님에게 상응하는 것은 심연에 사로잡힌 인간이다. 영혼의 어두운 밤에 십자가의 성 요한이 살았던 것을 진지하게 현재적으로 터득하는 데 상응하는 것은 오늘날 우리가 살고 있는 세계의 어두운 밤이다. 하느님의 신비경험은 구체적·역사적 상황으로부터 생겨나고 그리고 그것은 '항상 하느님을 그리워하는 능력'을 의미한다. 필연적으로 그 상황 가운데로 돌아가는 것이다. 변화시키며 행위하며 고난당하는 가운데 그러한 것이다.[59]

죌레가 말하는 '하느님을 그리워하는 능력'은 구원과 깊이 연관되어 있다. 그는 '항상' 하느님을 그리워하는 능력이라고 말한다. 단선적인 시간

---

57 같은 책, 219쪽.
58 존슨, 『당신의 그림자가 울고 있다』, 61~71쪽.
59 죌레, 『신비와 저항』, 225쪽.

론에 갇혀 구원이 이미 이루어졌다고 보는 것이 아니라 구원은 '항상' 진행되는 과정이며 구원의 가능성은 언제나 열려 있다고 보는 것이다.

융에게 하느님은 자기원형의 실현을 의미하며 개인과 집단의 진정한 자기실현이자 자아와 타자의 분리를 통일한 전체성을 의미한다. 마녀사냥이라는 사건을 통해 드러난 '죄'란 지배 권력을 획득하고 강화하려는 욕망이자 끊임없이 외부를 구성해내고 억압함으로써 자신과 세계를 분열시키는 태도라고 볼 수 있다. 예수가 제자들에게 부모와 형제자매, 심지어 자기 자신의 목숨까지도 미워하라(누가복음 14장 26절)고 했던 것은 자신의 자아를 포함한 어떤 형태의 이데올로기에 사로잡히지 말고 떠나라는 뜻으로 읽을 수 있다. 앞에서 언급한 윙크의 말처럼 목숨을 사랑하면, 즉 자아를 자기라고 여기고 자아만을 추구하면 자아와 지배 체제에 함몰되기 시작하며, 그렇게 울타리를 치고 타자를 만들어내는 순간 사랑을 가장한 편협과 폭력이 시작되기 때문이다. 이것은 하느님의 전일성과 전체성을 왜곡하는 것이다. 현재 자본주의라는 지배 체제에 사로잡힌 기독교의 죄성은 여기에 있으며 그 죄성은 기독교의 과거 역사와도 연결되어 있다. 융은 선한 사람보다 온전한 사람이 되려 했고 권정생은 선하기보다 아름답게 살려 했다. 이들은 자신이 선하다고 믿는 순간 자아팽창과 자아에 대한 맹신으로 이어질 수 있음을 알았던 것이다. 역설적이게도 선은 아름답고 온전하기를 바라는 가운데 우리에게 다가오는 것이다.

융과 권정생의 똥 이야기는 어두운 심연을 직시하고 의식과 무의식, 나와 타자의 분리를 극복해 진정한 자기에 이르는, 상징성이 충만한 이야기다. 이 이야기들에는 하느님을 그리워하는 개인과 집단의 열망이 담겨 있다. 기독교가 자신의 어둠으로 내려가 자기부정과 비움을 수행할 때만이

마이스터 에크하르트Meister Eckhart가 말한 "초본질적 어둠", 곧 신성에 다가
갈 수 있기 때문이다.[60]

　진은영은 고통받는 이의 주변에는 반드시 가해 기억을 가진 자들이 있
으며 이들의 집단적 반성 없이 또는 이러한 반성에 대한 사회적 촉구 없
이 새로운 기억을 형성하는 활동은 불가능하다고 말한다.[61] 본래적 기억
이란 미래에 새로운 활동을 만들어야 함을 기억하는 '약속의 기억'이어야
한다는 것이다.[62] 진은영은 질 들뢰즈Gilles Deleuze의 기억론을 인용해, 약속
을 기억한다는 것은 과거에 약속했던 사실을 상기하는 것일 뿐만 아니라
미래의 어떤 순간에 무엇인가를 실행해야 함을 기억하는 것이므로 미래
로 향해 있다고 말한다.[63] 진은영이 니체를 통해 이야기한, "가해 집단의
지배적 기억담론을 극복하려는 대항적 활동"을 통해 이루어지는 피해자
의 능동적 망각은 이제 기독교가 감당해야 할 몫이다.[64] 기독교는 마녀들
을 억압한 가해자로서의 기억에 저항하는 새로운 활동, 즉 과거에 대한
집단적 반성 및 고통받은 사람들과의 새로운 연대와 공감을 통해 자신들
의 몸에 새겨진 기억을 지워나가야 한다.

60　매슈 폭스, 『원복』, 황종렬 옮김(분도출판사, 2001), 149쪽.

61　진은영, 「기억과 망각의 아고니즘: 기억의 정치학을 위한 철학적 예비고찰」, ≪시
　　대와 철학≫, 제50호(2010년 봄), 184쪽.

62　같은 글, 177쪽.

63　질 들뢰즈, 『니체와 철학』, 이경신 옮김(민음사, 2001), 238쪽. 진은영, 「기억과 망
　　각의 아고니즘」, 177쪽에서 재인용.

64　진은영에 따르면 능동적 망각이란 피해자들이 자신의 경험을 말하고 가해자들에게
　　법적·도의적 책임을 묻기 위해 집단을 결성하는 과정을 통해 새롭게 고통과 관계하는
　　능동적 활동이자 능동적 경험이다. 진은영, 「기억과 망각의 아고니즘」, 178~184쪽.

융의 이야기에서 똥 덩어리가 대성당을 '파괴'하는 것과 권정생의 이야기에서 강아지똥이 민들레에게 '스며드는' 것, 즉 '파괴'와 '스며듦'은 현실에서 중층적인 의미를 드러낸다. 팽창된 자아를 해체하고 '파괴'함으로써 그림자는 해방될 수 있으나 그림자를 밖으로 투사하면 타자로 여겨지는 것들은 고통스럽게 '파괴'될 것이다. 똥은 그림자로서 의식에 '스며들 때' 경계를 허물고 진정한 자기라는 구원을 향해 나아간다. 하지만 자아가 지배 체제에 '스며들기 위해' 억압한 그림자를 밖으로 투사한다면 예수는 기독교의 자아가 욕망하는 이익과 권력, 섹슈얼리티를 뒤집어 쓴 채 희생양으로 또다시 죽임을 당할 것이다. 권정생의 똥 이야기와 융의 똥 이야기에 나타나는 '스며듦'과 '파괴'는 기독교가 타자를 희생시킴으로써 유지하고 지향해온 권력을 향한 비판으로 읽을 수 있다. 그러므로 자아를 해체한다는 것은 가해자로서의 기독교를 기억하는 것이자 외부를 향해 투사하기를 그만둠으로써 약속의 기억을 만들어가는 것이다. '스며들기'란 지워나가기다. 즉, 약속의 기억을 통해 경계를 지워나가는 것이며 투사당한 사람들과 자연이 지니고 있는 고통의 기억을 지워나가는 것이다.

이러한 새로운 기억의 형성은 어디서부터 시작되는 것일까? 개성화 과정은 과거와 현재의 공명에서 이루어지며 구원은 의식의 전적인 변화를 의미한다. 기독교의 전적인 변화는 기독교가 역사를 통해 타자화했던 것들과의 연대를 통해 이루어지며, 이는 기독교 스스로 이 시대의 타자되기, 즉 마녀 되기를 통해 공감 능력을 회복할 때라야 비로소 시작될 수 있다. 이러한 현재의 태도 변화를 통해 기독교는 새로운 기억을 형성할 수 있으며 기독교의 역사는 재구성될 수 있다. 또한 새로운 기억을 형성해가는 것은 기독교 공동체의 새로운 정체성을 향해 가는 것이며, 동시에 공동체를 구성하는 개인들의 가능성을 열어가는 것이다. 정용화에 따르면 "대체로 개인의 자아의식은 역사적으로 집단적 자아의식(우리의식)을 배경으로 형성"되기 때문이다. 또한 '우리'의 정체성이 역사적 경험으로부터 자유롭지 못하듯이 우리에 의해 타자화되거나 타자화되고 있는 "'그들'의 정체성도 역사적 경험 속에서 산출되고 구성"되기 때문이다.[65]

권정생의 「강아지똥」과 융의 똥 이야기는 그림자를 응시하는 한편, 그림자와 의식을 창조적으로 통합하는 별(꽃)을 찾아가는 과정을 상징적으로 드러내고 있다. 별(구원)을 찾아가는 길은 기독교의 집단적 반성이라는 고뇌의 밤을 통과해야만 한다. 즉, 이는 이 시대의 억압받는 자가 되기를 수락하고 수많은 마녀와 공감을 형성하며 지배 체제와의 단절을 증명하는 새로운 기억, 약속의 기억을 만들어가는 과정을 의미한다. 기독교 역사의 구원은 가능성이지만 아직 멀리 있다. 기독교의 구원은 자신들이 만들어온 역사의 심연으로 들어가 어둠을 응시하고 그 어둠을 이 시대의 어둠을 어루만지는 힘으로 역전시킬 때 이루어지기 때문이다.

---

[65] 정용화, 「한국인의 근대적 자아형성과 오리엔탈리즘」, ≪정치사상연구≫, 제9호 (2004. 5), 330쪽.

4

신화로 본 똥 이야기

•• 권정생의 『밥데기 죽데기』와 마고할미 신화의 상징 구조

권정생의 『밥데기 죽데기』와 한국 신화인 마고할미, 노동자 김진숙의 농성 이야기에서 나타나는 똥은 상징성이 두드러진다. 정진홍은 상징을 "직접적인 인식의 차원에서는 이질적인 것으로 판단되는 것들인데 그것들은 한데 모여 하나의 구조를 형성하면서 세계의 실상, 그 총체성을 드러내주는 것"이라고 정의한다. 그 때문에 "상징은 인식의 개체가 되는 사물을 지칭하는 것이 아니라 인간의 실존이 직면하는 현실이나 정황을 일컫는 것"이고, 따라서 상징 자체가 이미 실존적이라고 말한다.[1] 권정생의 이야기와 마고할미 신화, 김진숙의 이야기에서도 상징이 지닌 이러한 특성이 나

---

1   정진홍, 『M. 엘리아데: 종교와 신화』(살림출판사, 2003), 39쪽.

타난다고 할 수 있다. 이 세 이야기에서 나타나는 똥의 상징은 동일한 구조를 드러내며 우리를 기독교와 삶의 현실로 이끌기 때문이다.

　권정생의 『밥데기 죽데기』는 일제 강점기와 통일이 되는 때까지를 시대적 배경으로 해서 전개되는 판타지 동화다. 이 이야기에서 등장하는 '늑대할머니'는 사람들이 총을 쏘며 남편과 자식을 잡아가버리자 복수를 하기 위해 사람으로 둔갑한 마법적인 인물이다. 늑대할머니는 '달걀 두 개를 똥통에 한 달 담갔다가' 또 한 달씩 맑은 개울물과 꽃나무 밑에 두었다가 다시 열흘을 씨앗기름에 담근 뒤 밥데기와 죽데기라는 이름을 가진 아이들을 탄생시킨다. 늑대할머니와 밥데기와 죽데기는 함께 복수를 하러 나선 길에서 여러 사람을 만나는데 이들은 모두 역사의 희생자로, 비참하고 슬픈 세월을 보내는 이들이다. 우여곡절 끝에 늑대할머니는 가족들을 죽인 가해자인 사마귀할아버지를 찾아내는데, 사마귀할아버지도 일본과 미국의 강압으로 연약한 짐승들까지 사냥할 수밖에 없었던 것이다. 사마귀할아버지 역시 전쟁으로 가족과 한쪽 다리까지 잃은 역사의 희생자였다. 첩첩산중에서만 살았던 늑대할머니는 전쟁으로 분단된 현실 등 역사의 질곡에서 벗어나지 못한 사람들이 힘들게 사는 모습을 보고 그들의 고통을 공감한다. 누구나 가해자인 동시에 피해자라는 사실을 깨달은 것이다. 이러한 체험 끝에 늑대할머니는 자신이 원수를 갚기 위해 서울까지 온 것을 후회하고 마침내 죽임이 없는 세상을 위해 일하기로 결심한다. 늑대할머니는 '자신과 황새아저씨와 밥데기와 죽데기가 싼 똥을' 향기 나는 색색의 가루로 만들어 하늘을 날며 골고루 뿌린다. 그러자 집집마다 가게마다 껍질을 깨고 병아리들이 나오고, 전쟁 무기와 휴전선 철조망, 그리고 군인들의 철 모자까지 녹아내린다. 이뿐 아니라 사람들의 마

음까지 녹아 통일을 선포하게 되고 남북으로 흩어진 사람들이 얼싸안고 하나가 된다.[2]

　이러한 내용을 담고 있는 『밥데기 죽데기』에서 고찰하려는 것은 글의 마지막 부분에 나타나는 똥의 상징성이다. 여기서 똥은 병아리들이 달걀 껍질을 깨고 나오게 만들고 철조망과 무기를 녹아내리게 만드는 매개체다. 권정생의 이야기에서는 똥을 통해 '껍질을 깨고 나오는' 정신적 각성과 성장이 이루어진다. 헤르만 헤세Hermann Hesse의 『데미안』에도 "새는 알에서 나오려고 투쟁한다. 알은 하나의 세계다. 태어나려 하는 자는 그 세계를 파괴해야 한다"라는 구절이 있다. 이 소설에서도 새가 알에서 깨어난다는 것은 좁고 편협한 하나의 세계를 파괴하고 더 넓은 새로운 세계를 향해 가는 것을 의미한다.[3] 한국의 난생신화에서는 물론 중국의 반고신화에서도 알이 깨지면서 우주를 의미하는 거인이 탄생하고 이 거인의 몸이 분화되어 자연현상을 포함한 세상 모든 것이 창조된다. 유대교 신비주의 카발라에서도 우주는 228개 조각으로 깨어진 하나의 알에서 생겨났다고 여긴다.[4] 문화적 상징들을 성찰한 이승훈은 민담과 전설, 연금술에서는 똥과 황금이 관련되며, 이러한 모든 상징은 "가장 높은 단계의 삶은 가장 낮은 단계의 삶에서 나와 그 절정에 도달한다"라는 니체의 말로 요약할 수 있다고 말한다.[5] 권정생의 이야기에서 병아리가 알을 깨고 나올 수 있

2　권정생, 『밥데기 죽데기』(필자가 재구성해 요약).

3　헤르만 헤세, 『데미안』, 이상희 옮김(책만드는집, 2013), 125쪽.

4　베르나르 베르베르, 『상상력 사전』, 이세욱·임호경 옮김(열린책들, 2011), 44~45쪽.

5　이승훈, 「똥, 대변, 배설물」, 『문학으로 읽는 문화상징사전』(푸른사상사, 2009), 170쪽.

도록 만든 것은 똥이다. 똥은 갇힘과 열림, 성장 이전과 성장의 세계를 연결한다. 똥 가루가 뿌려지자 껍질이 깨지면서 생명이 탄생하고 새로운 세계가 창조되는 것이다.

마고할미 전승은 한반도 곳곳에 나타나며, 중국의 도교 문헌에도 나타난다. 마고할미 이야기는 신라 눌지왕 때 박제상이 썼으며 한국 최초의 신화적 역사 문헌이라고 알려진 『부도지』에도 기록되어 있다. 마고할미는 제주도에서는 설문대할망, 서해안에서는 개양할미, 강원도 삼척에서는 서구할미 등으로 지역에 따라 조금씩 다른 명칭으로 불리며, 지역에 따라 내용도 약간씩 다르다.

황혜숙에 따르면, 마고는 인류와 세계, 한국의 산천을 만들어낸 창조여신이다. 그는 마고가 중국과 한국의 역사와 종교에 동시에 등장한다는 사실을 한국이 중국의 속국이었다는 민족주의 관점과 연결시키는 것이 아니라 동북아의 시원이 여성에 의해 열렸다는 여성주의 관점에서 파악한다.[6] 한국 땅 전체에서 나타나는 마고 전설을 통해 마고가 한국인들의 신앙의 대상이었음을 알 수 있다. 조선 중기 이후에는 마고 여신의 신성이 제거되기 시작해 '마고 신'에서 '마고할미'가 되어갔다. 황혜숙은 이런 현상이 조선 시대의 유교적 가부장제에서 비롯되었다고 본다.[7] 이러한 이유로 '마고'는 '마귀', '마구'로 이름이 변경되기도 했다. 조현설 또한 제주도 설문대할망 이야기에서 창조여신인 설문대할망이 한라산 물장오리에 빠

---

6   황혜숙, 「'한국적' 여성주의 사상을 영성으로 꽃피우기: 마고여신학」, ≪여/성이론≫, 제7호(2002. 12), 15~18쪽.

7   같은 글, 13쪽.

져죽는 모순이 발생한 것은 유교적 이념에 따라 설문대할망이 숭배 대상에서 밀려난 데서 기인한 것이라고 본다.[8] 이렇듯 여신이 숭배 대상에서 제외되어 소멸해간 것은 한국뿐만 아니라 세계 여러 지역 신화에 나타나는 현상이다. 인류의 역사를 통해 보면 인간은 최초의 신에 대한 이미지를 여성으로 갖고 있었다는 것을 알 수 있다. 그러나 인간이 세계와 삶을 이해하는 방식이 달라짐에 따라 인간이 표상하려는 신의 이미지는 점차 여신에서 남신으로 변화해왔다.[9]

황혜숙에 따르면 마고할미에서 '할미'의 어원은 '한'이라는 접두어와 '미'라는 명사로 이루어져 있으며, 고어에서 '한'은 '큰', '가운데', '동일한'이라는 의미를 지닌다. 동시에 '한'은 '하다'라는 동사적 의미도 지니고 있다. '미'는 '어머니'라는 뜻을 지니고 있다. 그러므로 '할미'는 '위대한 여신', '여신', '여자 조상'을 의미한다. 황혜숙은 '한'의 의미가 '하다'라는 뜻도 가지고 있으므로 '할미'는 '하는 어머니'이며, "움직임의 근원"이 마고에서 비롯된 것으로 보고 신학적 의미를 읽어낸다.[10] 모든 만물의 움직임이 여신에게서 비롯되었다는 것이다. 조현설 또한 할미라는 말은 지금 쓰이는 할머니라는 뜻이 아니라 본래 '한＋어미'로서 큰 어머니, 즉 여신을 의미한다고 본다.[11]

조현설은 설문대할망 유형의 창세 신화가 제주도에 국한되는 것이 아니라 동아시아 지역에 널리 나타나긴 하지만 제주도의 설문대할망 신화

8   조현설, "마고할미인가 마귀할멈인가", ≪한겨레≫, 2004년 12월 24일 자.
9   장영란, 『위대한 어머니 여신: 사라진 여신들의 역사』(살림출판사, 2003), 5~7쪽.
10   황혜숙, 「한국적 여성주의 사상을 영성으로 꽃피우기」, 15쪽.
11   조현설, 「마고할미인가 마귀할멈인가」 참조.

는 내용이 풍부해 창세 신화를 살피는 데 중요한 자료라고 말한다.[12] 이 장에서는 권정생의 똥 이야기와 마고할미 신화에 나타나는 상징 구조의 특성을 창조성과 생산이라는 관점에서 살펴보기 위해 마고할미 이야기 중에서도 제주도의 설문대할망 이야기를 자료로 삼았다.

고혜경은 제주도 설문대할망 신화에 나타난 할망의 특징을 길쌈이나, 할망이 다리를 놓아주는 대가로 제주민들에게 요구한 속옷, 할망의 똥과 오줌, 할망이 밥을 지어 먹었다는 솥덕, 할망이 했던 낚시, 할망의 죽음 등을 통해 성찰하고 있다.[13] 여기서는 권정생의 이야기와 설문대할망 이야기, 김진숙 이야기에 나오는 똥의 의미를 살펴보려 하기 때문에 설문대할망의 특징 중에서도 똥오줌을 중점적으로 살펴보려 한다.

설문대할망(이하 할망) 신화에서 "설문대할망은 수수범벅을 먹고 설사를 해서 설사로 제주도 오름 360개를 만들어"낸다.[14] 고혜경은 이러한 할망의 행위를 인간이 태어나서 처음 하는 창조 행위인 똥 누는 행위와 연결시키고 있다. 인간의 똥 누는 행위는 창조주인 할망이 똥을 싸는 것과 닮아 있기 때문에 신성하다는 것이다. 신화를 통해 인간의 일상적이고 구체적인 행위에 의미를 부여하는 해석이라고 볼 수 있다. 또한 그는 할망이 '똥을 싼다'라는 것에서 생산과 출산, 창조의 의미를 읽어낸다. 똥은 흙의 거름이 되어 생명을 태어나게 하고 재생시키는 것으로, 생명의 에너지가 응축되어 있기 때문에 풍성한 수확이나 부와 연결된다. 또한 할망이

---

12 조현설, 「마고할미·개양할미·설문대할망: 설문대할망 전승의 성격과 특징에 대해」, ≪민족문학사연구≫, 제41호(2009), 140~141쪽.

13 고혜경, 『태초에 할망이 있었다』(한겨레출판사, 2010) 참조.

14 이성준, 「설문대할망 설화연구」, ≪국문학보≫, 제10호(1990), 64쪽.

똥으로 360개 오름을 출산한 것을 폭발하는 창조 욕구와 강렬한 생명의 충동으로 분석한다.[15] 이러한 엄청난 양의 설사는 파괴력과 동시에 창조력을 느끼게 하고 있어 파괴와 창조는 분리될 수 없음을 의미한다.[16]

　권정생의 똥 이야기에서는 늑대할머니가 보리밥 열 그릇을 먹고 싼 똥으로 만든 똥 가루를 뿌리자 병아리들이 알을 깨고 나오고 전쟁과 휴전선이 녹아 없어진다. 늑대할머니와 설문대할망은 모두 무언가를 먹고(보리밥, 수수범벅) 싼 '똥'으로 창조를 한다는 점에서 동일한 행동을 한다고 할수 있다. 두 이야기에서 창조와 생산은 '똥'을 통해 이루어지는 것이다. 세부적으로 살펴보면 늑대할머니는 자신이 탄생시킨 밥데기 죽데기와 함께 똥을 싸고 함께 똥 가루를 뿌려 이데올로기의 폭력에서 벗어나지 못하는 세상을 평화와 자유의 세상으로 창조한다. 새로운 세상을 만드는 창조가 늑대할머니와 그의 자식들, 즉 신적 존재와 인간의 협력으로 이루어지는 것이다. 또한 늑대할머니는 밥데기와 죽데기를 달걀에서 태어나게 할 때 향기 나는 나무 밑에 묻어두고 맑은 물에 담가두기도 하지만 똥통에도 담가둔다. 똥은 생산과 창조를 위한 매개체이자 성장과 탄생을 위해 반드시 치러내야 할 통과의례적 의미로 강조되고 있는 것이다. 이러한 똥의 의미는, 밥데기와 죽데기가 자신들을 태어나게 하기 위해 왜 똥통에 담가두었는가를 늑대할머니에게 묻자 할머니가 "모든 목숨은 모름지기 가장 밑바닥에서 엉망진창으로 견뎌봐야 한다. 그래야 세상을 바로 알게 된단다. 똥

15　고혜경, 「상징해석을 통한 창세여신 설문대할망 이미지 복원」, ≪구비문학연구≫, 제28회(2009. 6), 8쪽.

16　고혜경, 『태초에 할망이 있었다』, 8쪽.

통에 들어가보지 못하면 똥통 같은 세상을 어떻게 이해하겠니?"라고 대답하는 대목에서 가늠할 수 있다.[17] 세상은 똥통같이 타락했으나 구원은 바로 똥통에서 시작된다는 의미로도 해석할 수 있다. 권정생의 이야기에서 똥은 생명과 죽음, 타락과 구원 등의 이중적인 의미를 내포한다고 볼 수 있다.

그러나 이렇게 두 이야기에서 똥의 의미가 미세한 차이를 드러내기는 하지만 좀 더 심도 있게 살펴보면 똥의 의미가 또다시 합류하고 있음을 알 수 있다. 고혜경은 설문대할망의 똥은 생명력이 응축되어 폭발된 것으로 보면서 똥에서 창조와 파괴를 동시에 읽어내고 있다. 권정생의 이야기에서 똥은 탄생과 성장을 이루기 위한 매개물, 곧 탄생과 성장을 위해서 거쳐야 할 통과의례의 의미를 지닌다. 통과의례는 기존의 가치와 질서를 파괴하고 새롭게 정화·재생되기 위해 치르는 의례라고 할 수 있다. 따라서 권정생의 이야기에서 통과의례적인 똥이란 평화와 각성에 이르기 위해 똥으로 상징되는 기존 질서나 타락의 세계로 '들어가서 파괴하고 재생'하는 과정을 의미한다고 볼 수 있다. 따라서 두 이야기에서 똥은 창조와 파괴를 동시에 품고 있는 것으로 나타난다.

또한 권정생의 똥 이야기와 제주도의 설문대할망 신화에는 모두 '할머니', '할망'이 등장한다. 이들은 인간의 능력을 초월한 마법적인 힘을 지닌 것으로 묘사되는데, 이러한 표현은 이들이 '위대한 여신'임을 드러낸다. 그러나 신적인 존재인 이 할머니와 할망은 모두 죽음에 이르는 것으로 나타난다.

---

17   권정생, 『밥데기 죽데기』, 15쪽.

설문대할망 이야기에서 할망은 자신의 키가 얼마나 큰지를 시험해보고 다니다가 마지막에 한라산 물장오리에 빠져 죽는다. 앞에서 언급했듯이 조현설과 황혜숙은 할망의 죽음을 유교 이데올로기에 의한 여성의 지위 하락과 연관시킨다. 고혜경은 할망의 죽음이 심층심리학의 관점에서 제주민의 정신적인 측면에서 일어난 변화와 상징을 나타낸다고 본다. 설문대할망의 죽음을 "심오한 변형의 상징"으로 읽어내는 것이다.[18] 권정생의 똥 이야기에서 늑대할머니는 똥 가루를 뿌려 평화와 자유의 세계를 창조하고 난 후 '썩은 통나무'처럼 쓰러져 한 줌 재가 되어 '본래의 늑대'로 돌아간다.[19] 권정생의 이야기에서는 늑대가 할머니로 변신해 철 모자와 전쟁 무기, 철조망으로 대변되는 인위적이고 가부장적인 세계에 등장한다. 할머니는 가부장적이고 인위적인 세계와 대립되는 순환하는 자연 및 자연의 질서를 의미한다고 볼 수 있다. 인위적이고 폭력적인 세계는 여성 및 여신이 가진, 치유하고 창조하는 에너지를 필요로 하기 때문에 늑대(자연 및 자연적 질서)는 할머니(여성 및 여신)의 모습으로 세상에 나타났고 화해와 치유의 시대가 도래하자 할머니(여신)는 죽어서 다시 늑대가 되었다. 권정생의 이야기에서는 폭력과 고통이 없는 평화의 시기가 오자 여성·여신(할머니)의 힘이 크게 필요 없어져 할머니가 자연으로 돌아갔다고 볼 수 있다. 늑대할머니의 죽음은 황폐한 위기의 시대에는 어머니 여신의 힘이 필요하지만 평화의 시기에는 신마저도 자연의 일부로 돌아간다는 사실을 보여준다고 할 수 있다. 역사적으로 구석기 시대에는 여신이 "삶

---

18 고혜경, 「상징해석을 통한 창세여신 설문대할망 이미지 복원」, 15~16쪽.
19 권정생, 『밥데기 죽데기』, 168~169쪽.

과 죽음의 단일한 원리"로 작용했지만 이후 "신석기 신화와 초기 청동기 신화에서는 여신이 가시적 질서의 배후에서 영원한 생명의 원리"로 존재 하다가, 청동기 중기 이후에는 점차 남신에게 힘을 빼앗기고 실질적인 역할을 하지 못하는 존재로 전락한다.[20] 이와는 다르게 권정생은 똥 이야기를 통해 철조망과 철 모자로 대변되는 폭력이 난무한 시기야말로 여신의 힘이 필요하다는 사실을 역설한다. 여신이 창조한 세계(새로운 세상)에서 이제 모든 생명의 죽음은 인위적인 폭력에 의한 죽음이 아니라 자연 순환적 과정의 일부로만 나타나야 한다는 것이다.

두 이야기의 장르는 각각 신화와 판타지다. 판타지의 특성인 상상력을 통한 신비함은 신화에서도 등장한다는 점에서, 또한 신화와 판타지는 모두 상상과 환상으로 구성된 비현실적인 이야기가 역설적으로 현실을 드러내고 의미를 준다는 점에서 두 이야기는 유사성을 지닌다.[21] 판타지 동화의 뿌리는 대부분 신화와 민담, 옛이야기이므로 신화와 판타지에는 같은 내용의 상징 구조가 드러나는 경우가 많다.

앞에서 살펴본 것처럼 세부적인 의미에는 차이가 있지만 권정생의 『밥데기 죽데기』와 설문대할망 신화는 공통된 구조와 내용을 지닌다고 볼 수 있다. 권정생의 똥 이야기에 나타나는 늑대할머니 – 똥 – 창조·생산 – 죽음의 구조는 설문대할망 신화에서도 동일하게 설문대할망 – 똥 – 창조·생산 – 죽음의 구조로 나타난다. 내용을 요약하면 권정생의 똥 이야기에

20　장영란, 『위대한 어머니 여신』, 23쪽.
21　이홍숙, 「현대문학: 신화로 본 판타지소설」, ≪사림어문연구≫, 제15권(2005), 68~69쪽.

서 늑대할머니는 똥 가루를 뿌려 병아리들이 알을 깨고 나오게 만들며 철
조망과 전쟁 무기를 녹인다. 똥은 늑대할머니의 매개체가 되어 사람들을
갇혀 있던 감옥(알)에서 나오게 하고 전쟁과 아집이 없는 평화의 세계를
만든다. 똥은 전쟁과 파괴로 고통받는 세계와 유토피아 세계를 잇는 역할
을 하는 것이다. 설문대할망 이야기에서도 할망은 똥을 통해 인간의 물질
과 정신의 자원이자 수많은 목숨을 키워내는 오름을 창조한다. 죽음 또한
늑대할머니와 설문대할망에게 공통으로 나타나지만, 그 의미에는 차이가
있는 것으로 드러난다. 이처럼 권정생의 똥 이야기에는 설문대할망의 신
화가 변형·잔존해 있다고 볼 수 있다.

•• 신화의 현실화, 김진숙의 똥 이야기

나카자와 신이치中沢新一는 신화가 현실보다 훨씬 자유로워 보이지만 실제
로는 구속을 받고 있다고 말한다. 신화는 구체적인 현실과 접촉했을 때
인간이 겪는 제약과 구속을 말해주기 때문이다. 그는 신화가 현실과 만났
을 때 구속이 발생한다고 표현한다. 즉, 신화는 현실을 사는 '인간의 조건'
을 드러내고 설명해준다는 것이다. 이러한 이해 없이 신화를 피상적으로
받아들일 때 신화는 인간에게 쾌락과 소비를 제공하는 대상으로 전락하
고 만다.[22]

　『밥데기 죽데기』의 늑대할머니가 싼 똥과 설문대할망이 싼 똥에 나타

22　나카자와 신이치, 『신화, 인류 최고의 철학』, 김옥희 옮김(동아시아, 2003), 210쪽.

나는 신화의 상징은 자본주의 체제라는 현실의 한가운데를 살고 있는 노동자 김진숙의 똥 이야기와 만남으로써 이 세계의 제약과 구속, 그리고 해방의 의미를 드러낸다. 김진숙은 스물한 살 때인 1982년 부산의 조선소(현 한진중공업)에 입사해 용접공으로 일했다. 그가 일했던 공장은, 여름에는 상하거나 겨울에는 살얼음이 끼기 일쑤인 도시락에 공업용수를 말아서 먹고 한 달 잔업 128시간에 토요일 일요일도 없이 매일 저녁 8시까지 일을 해야 하는 곳이었다.

용접 불똥 맞아 타들어간 작업복을 테이프로 덕지덕지 붙여 넝마처럼 기워 입고, 한겨울에도 찬물로 고양이 세수해가며, 쥐새끼가 버글거리던 생활관에서 쥐새끼들마냥 뒹굴며 살아야 하는 공장이었다고 한다. 언제 폭발할지도 모르는 탱크 안에서 벌레처럼 기어 다니며 용접을 하고 절단을 하던 공장이었다고 한다. 한여름 감전 사고로 혈관이 다 터져 죽어도, 비오는 날 족장에서 미끄러져 라면발 같은 뇌수가 산산이 흩어져 죽어도, 바다에 빠져 퉁퉁 불어 죽어도 산재가 뭔지도 몰랐던 공장이었다고 한다. 한 해에도 수십 명의 노동자가 골반압착으로, 두부협착으로, 추락사고, 감전 사고로 죽어가던 공장이었다고 한다. 그래서 다친 동료들 문병 다니고 죽은 동료들 문상 다니는 시간이 잔업 다음으로 많던 공장이었다고 한다. 그런데도 어용노조는 조합비를 횡령해 먹기 위해 멀쩡하게 살아 있는 조합원들의 할머니, 할아버지, 더 나아가 자녀들까지 서류상으로 죽여 상조비를 갈취해가던 공장이었다고 한다.

김진숙은 스물여섯 살에 해고되어 대공분실에 세 번 끌려갔다 오고 징역을 두 번 갔다 왔으며 수배 생활 오 년을 하고 부산에 있는 경찰서는 다

다녀보는 삶을 살며 쉰두 살의 여성 해고자가 되었다. 그동안 노무현 정권을 거쳐 국가와 기업은 신자유체제의 첨봉 역할에 충실했고, 2011년 한진중공업은 노동자의 3분의 1을 해고하겠다고 나섰다. 그러는 동안에도 사주 일가는 176억이라는 높은 배당금을 챙겨갔다.

　김진숙은 2011년 1월 6일 새벽 3시에 부당 해고에 맞서 크레인에 올라갔다. 그곳에는 함께 민주노조 활동을 했던 동료였으며 장안동 대공분실에 끌려갔다가 변사체로 발견된 박창수가 있었다. 그곳에는 또한 박창수의 몫까지 살겠다며 어용노조와 정리해고에 맞서 싸우다가 마침내 2003년 6월 11일, 85호 크레인에 올라간 뒤 129째 되던 날 크레인 난간에 목을 맨 김주익이 있었다. 그 당시 2남 1녀의 가장으로 21년간 일해온 그에게 회사가 한 달에 지불한 월급은 108만원이었으며 각종 공제를 하고 나면 80만원 정도였을 것이라고 한다. 비슷한 시기에 한진중공업은 239억의 순이익을 올렸고 사주는 해마다 50억에서 100억에 이르는 배당을 챙겨가고 있었다고 한다. 김진숙은 8년 동안 방에 불을 때지 않았다. 2003년 85호 크레인 위에서 추위와 눈물로 밤을 보내다 죽어간 김주익 때문이었다.(필자가 요약 인용)[23]

　김진숙은 2011년 11월 10일 오후 영도조선소 85호 타워크레인을 내려왔다. 그가 아파트 20~30층 높이의 고공에서 농성을 시작한 지 309일 만이었다. 그는 우리가 살고 있는 이 나라를 "1970년에 죽은 전태일의 유서와 세기를 건너뛴 2003년 김주익의 유서가 같은 나라"라고 표현했다.[24] 어

23　송경동, 「소금꽃 김진숙과 85호 크레인」, ≪프레시안≫, 2011년 3월 30일 자.
24　김진숙, 『소금꽃나무』(후마니타스, 2007), 123쪽.

떤 사람에게는 이 나라가 빛나는 진보와 속도의 나라이지만 어떤 사람에게는 이 나라가 서 있는 지점에서 한 걸음도 떼놓을 수 없는 감옥이었던 것이다.

김진숙은 타워크레인을 내려온 후 자신의 몸에 각인된 체험을 사람들과 만나 소통하고 대화하며 연대를 호소했는데, 그녀가 곳곳에서 들려준 일화들 중에는 똥과 관련된 이야기가 있다. 이 이야기는 김진숙이 경남여성회 초청으로 열린 강연에서 '여성과 정치'라는 제목으로 소개한 일화다.[25] 그가 크레인 위에서 농성한 309일 동안 그를 끌어내리기 위해 끊임없이 올라오는 경찰과 용역에 맞설 수 있었던 것은 똥 때문이었다. 그가 눈 똥 때문에 경찰과 용역은 번번이 후퇴할 수밖에 없었다는 것이다. 정부권은 강연장에서 들은 이야기를 이렇게 소개하고 있다.

> 309일 동안 끊임없이 그녀를 끌어내리기 위해 공격해오는 용역과 경찰들을 그녀는 어떻게 막았을까? 똥이었단다. 직접 만든 똥. 타워크레인에 고립된 한 명의 여자를 공격하다 똥을 얻어맞고 후퇴하는 건장한 용역들을 상상해보라. 그야말로 완벽한 농성에 대책 없는 공성이다. 연약한 여자의 몸에서 하루도 거르지 않고 제조되는 무기 생산을 막기 위해 타워크레인에 식사 공급을 중단시켰다니……, 실로 웃기는 일이다. 그러나 그녀는 떡대 같은 용역과 경찰들의 공성 작전을 혼자 몸으로 막아내고 훌륭하게 농성을

---

25 2012년 10월 17일 경남여성회 주최로 남산복지관 강당에서 열린 김진숙 초청 강연회에서 소개한 자신의 경험이다. 김진숙이 강연에서 이야기한 이 일화는 경남여성회와의 통화를 통해 다시 한 번 확인했다.

성공시켰다.[26]

　현실에서 일어난 김진숙의 똥 이야기는 권정생의 똥 이야기 및 설문대할망의 똥 이야기와 합류한다. 권정생의 이야기와 설문대할망 이야기에서 나타난 할머니(여신) – 똥 – 창조·생산이라는 신화적 구조가 김진숙이 농성할 때 체험한 이야기의 김진숙(여성) – 똥 – 창조·생산으로 이어지고 있는 것이다. 권정생의 똥 이야기에 나오는 늑대할머니와 설문대할망 신화의 할망, 그리고 85호 크레인 위의 김진숙, 이들 모두는 '자신의 몸에서 나온 똥'으로 산천과 새로운 각성과 평화를 만들어내고 강압적인 권력을 해체하는 창조적 생산을 했기 때문이다.

•• 똥의 물질적 상상력과 소피아

이러한 똥 이야기에서 매개체가 되는 '똥'은 먼저 자연이자 물질이다. 물, 불, 공기, 흙이라는 네 개의 원소를 통해 물질적 상상력을 성찰한 가스통 바슐라르Gaston Bachelard에 따르면, 인간의 정신은 물질의 이미지에 의해 형성된다. 그는 무엇보다도 물질의 이미지가 갖는 역동성에 주목했는데, 예를 들어 흙(땅)의 부드러움과 단단함, 안정성과 견고함이라는 상반된 이

26　'100인닷컴' 편집인 정부권은 자신의 블로그 '파비의 칼라테레비'(http://go.idomin. com)에 김진숙이 강연에서 소개한 이 똥 이야기를 "김진숙, 그녀의 무기는 직접 만든 똥이었다"(2012년 10월 18일)라는 제목으로 소개했다.

미지는 "밀접한 연대"를 이루며 인간의 정신에 각성을 가져온다는 것이다.[27] 때문에 바슐라르에게 물질의 이미지는 "관념적 표현이 아니라 의미를 갖는 현실"이다.[28] 박치완에 따르면, 물질의 상상력은 지상에서 우주까지, 죽은 자에서 영원한 존재까지를 연결하고 소통시키는, 인간이 지닌 유일한 에너지이며, 상상력은 기존에 주어진 대답을 새로운 질문으로 환치시킬 수 있는 힘이다.[29]

색깔과 물렁한 촉감 그리고 냄새 등을 통해 인간이 갖는 똥의 이미지는 대체로 상반된 의미로 이분되어 받아들여져 인간의 세계에 영향을 미치고 있다. 가장 비천한 것을 의미한다고 받아들여지거나 황금과 돈 등 인간이 중시하는 것들과 연관되어 받아들여져 분리된 이미지를 지니는 것이다.

바슐라르는 이미지를 통해 '상상하는 존재'와 '상상되어지는 존재'가 가장 근접해진다고 말했다.[30] 권정생의 똥 이야기와 설문대할망 이야기, 그리고 김진숙의 이야기에서는 상반된 똥의 이미지들이 연결되어 뫼비우스의 띠처럼 물질적인 동시에 정신적·역동적인 이미지를 드러낸다. 따라서 이들 똥 이야기에서 나타나는 똥의 이미지는 바슐라르의 말처럼 '상상되

---

27   홍성호, 「흙과 건축: 바슐라르의 물질적 상상력과 흙의 이미지」, ≪건축≫, 제3호(1992. 5), 64~65쪽.

28   홍명희, 「바슐라르의 상상력과 현상학」, ≪한국프랑스학논집≫, 제62호(2008. 5), 371쪽.

29   박치완, 「하이데거와 바슐라르의 십자가: 감성 및 예술(시)과 공존하는 철학을 위해」, ≪존재론 연구≫, 제8집(2003. 10), 25~26쪽.

30   Gaston Bachelard, *La Terre et les rêveries de la volonté*(1948), p. 5. 홍명희, 「바슐라르의 상상력과 현상학」, 371쪽에서 재인용.

는' 세계이기 때문에, 즉 현실에서의 존재성이 희박하기 때문에 그리워하는 세계, 소외 없고 분리되지 않은 세계에 좀 더 근접할 수 있는 힘이 된다.

따라서 권정생의 이야기와 설문대할망 이야기, 김진숙의 이야기에 나타나는 똥이라는 물질의 이미지와 그 이미지가 생성하는 상상력은 기독교와 세계에 대한 물음을 자극한다. 물질이 인간에게 촉발시키는 상상력이야말로 인간과 신, 가난한 자와 부자, 인간과 자연의 경계를 자유롭게 넘나들 수 있는 힘이기 때문이다. 또한 똥에 관한 이러한 이미지와 상상력은 조금씩 현실의 벽을 마모시키는 행위를 할 수 있도록 우리를 이끄는 에너지와 연결되어 있기 때문이다.

권정생의 똥 이야기, 설문대할망 이야기, 김진숙의 이야기에서 똥의 상상력은 할망, 할머니, 여성과 결합되어 일어난다. 그리스 신화와 켈트족, 힌두 세계에서는 할머니, 여신, 여성이 지혜와 동일하게 인식된다. 세계 신화의 집단 무의식에서 지혜는 여성성을 의미하며 성장과 각성을 설명하는 개념이기도 하다.[31]

유대 지혜문학에서 지혜는 여성으로 의인화되어 나타난다. 지혜를 나타내는 히브리어 호크마hokma와 그리스어 소피아sophia는 모두 여성명사다. 동방정교와 가톨릭은 지혜(소피아)에 대해 많이 다루는 시락서(집회서)와 지혜서를 정경으로 인정했지만, 개신교와 유대교는 이를 정경에서 제외했다. 잠언서는 1장부터 지혜에 대한 내용이 나오며, 8장 22~23절에서는 "하느님은 세계를 지혜로 지으셨다"라고 말한다. 또한 8장 30절에서

---

31 진 시노다 볼린, 『우리 속에 있는 지혜의 여신들』, 이경미 옮김(또하나의문화, 2003), 37쪽.

는 소피아가 태초에 하느님과 함께 있었으며 창조에 참여했다고 말한다. 잠언에서 지혜는 거리의 설교자이자 예언자, 생명의 수여자, 정의의 대행자, 하느님의 연인, 술 빚는 자, 여주인 등으로 나타난다.[32]

성서에서 지혜는 하느님의 현존을 여성적으로 인격화한다. 기독교의 삼위일체에 대한 여성적 형상화의 필요성을 제기한 엘리자베스 존슨 Elizabeth A. Johnson 또한 소피아를 창조하고 구원하는 하느님의 여성적 인격화로 보고 있다. 존슨은 "삼위일체의 하느님을 거룩한 지혜, 소피아라고 부르며, 하느님의 삼중적 측면을 성령 – 소피아, 예수 – 소피아, 어머니 – 소피아라고 부른다".[33] 그는 "성령은 온 우주에 스며들고 만물을 함께 묶는다"라는 지혜서 1장 7절이 성령 – 소피아의 창조의 지속과 현존을 나타내며, 성령 – 소피아가 "개체와 공동체, 자율과 관계의 근원"이 된다고 본다.[34] 정애성은, "주님께서 주님의 영을 불어 넣으시고, 그들이 다시 창조됩니다. 주님께서는 땅의 모습을 새롭게 하십니다"라는 성서의 구절(시편 104장 30절)은 성령 – 소피아의 능력으로 사회정치적 구조가 변화되고 생명을 억압하는 이데올로기에 저항하는 것을 의미한다고 분석한다. 아울러 인간은 이러한 성령 – 소피아의 갱신 활동에 참여하는 파트너라는 의미를 담고 있다고 본다.[35]

---

32 정애성, 「구원의 신비에서 보는 삼위일체론 연구: C. M. 라쿠나를 중심으로」(감리교신학대학 박사학위논문, 2010), 139쪽.

33 같은 글, 141쪽.

34 Elizabeth A. Johnson, *She Who is: The Mystery of God in Feminist Theological Discourse*(New York: The Crossroad Publishing Company, 1992), p. 134. 정애성, 「구원의 신비에서 보는 삼위일체론 연구」, 142쪽에서 재인용.

35 정애성, 「구원의 신비에서 보는 삼위일체론 연구」, 142쪽.

Q복음서에는 소피아가 두 번 나온다. 하나는 "그러나 소피아는 그녀의 자녀들에게 정당화되었다"(Q복음서 7장 35절)라는 구절이다. 다른 하나는 "그러므로 소피아가 말씀하셨다. 내가 그들에게로 예언자들과 지혜자들을 보내겠다. 그런데 그들이 그들 중에 몇 명을 죽이고 박해할 것이다"(Q복음서 11장 45절)라는 구절에 등장한다.[36] 김재현에 따르면, 성서를 여성 해방적 관점에서 해석하는 엘리자베스 쉬슬러 피오렌차Elisabeth Schüssler Fiorenza는 Q복음서의 "하느님은 소피아를 통해서만 올바르게 이해"할 수 있으며, Q복음서에서 예수가 섬겼던 하느님은 "여성 형태의 소피아 – 하느님"이라고 주장한다.[37]

매슈 폭스Matthew Fox는 "『신약성서』에서 예수에게 붙여진 첫 번째 이름은 복음서가 쓰이기 이전에 바울이 자신의 서신에서 쓴 소피아 – 지혜라는 이름"이라고 말한다.[38] 그에 따르면 요한복음 1장은 처음에 로고스에 대한 것이 아니었다. 로고스는 다음 세대에 등장했으며, 요한복음의 모체가 되는 시락서에는 소피아 – 지혜에 대해 말하고 있었다.[39] "지혜를 그의 피조물에게 풀어놓았다"라는 시락서 1장 9절은 지혜가 창조와 계시를 중재하고 세상에 질서와 이성을 부여한 것으로 나타난다. 고대 알렉산드리아의 필로 유대우스Philo Judaeus는 하느님의 딸 지혜를 로고스로 번역했으

---

36 김재현, 「Q와 여성: 여성주의적 Q복음서 해석」, ≪젠더와 문화≫, 제3권 1호(2010. 6), 42쪽.

37 같은 글, 43쪽.

38 매슈 폭스·루퍼트 셸드레이크, 『창조, 어둠, 그리고 영혼에 관한 대화』, 이정배 옮김(동명사, 1999), 57쪽.

39 같은 책, 58쪽.

며, 지혜와 토라를 동일시해 지혜는 "하느님의 딸이요, 맨 먼저 태어난 우주의 어머니다"[40]라고 말했다. 따라서 요한복음이 말하는 로고스, 즉 말씀은 '지혜'를 가리킨다.[41] 지혜문헌에서 지혜는 정의와 생명의 수여자, 창조자, 구원자로 나타나고 있는 것이다.

폭스는 이 시대에는 우주적 그리스도를 생각할 필요가 있다고 역설한다. 잠언에서는 "지혜는 모든 것을 품고 있다"라고 말하고 있으며, 우주적 그리스도는 모든 피조물과 우주 전체에 충만한 우주적 지혜 – 소피아이기 때문이다. 그는 그리스도 사건이 일으킨 첫 번째 반응은 골로새서에 표현된 것처럼 하늘과 땅과 그 가운데 있는 모든 만물을 결속시키는 그리스도에 대한 우주적 비전이었다고 말한다.[42] 우주적 그리스도, 즉 소피아가 주는 비전은 만물을 품어 결속시키는 우주적 비전이며 이러한 비전이 이 시대의 생태적 전망을 위해 필요하다고 말하는 것이다.

폭스와 존슨, 피오렌차와 같은 신학자들과 성서에서 말하는 소피아는 만물을 창조하고 생산하며, 창조와 생산을 지속적으로 갱신하면서 만물을 품어내고 결속시킨다. 이러한 소피아는 자본주의 체제에 대한 성찰 없이는 해결 불가능한 생태적 문제들을 풀어내기 위한 중요한 메시지를 전한다. 나는 앞에서 언급한 것처럼 상상하는 존재와 상상되는 존재가 이미지에 의해 근접해지므로 이미지는 현실이라고 한 바슐라르에 견해에 동의한다. 그 때문에 여기서는 예수, 성령, 하느님을 각각 소피아 예수, 소

---

40   김영한, "유대교 문서에 나타난 "하나님의 아들"(II)", ≪크리스천투데이≫, 2013년 4월 1일 자에서 재인용.

41   김균진, 『자연환경에 대한 기독교 신학의 이해』(연세대학교출판부, 2006), 185쪽.

42   폭스·셸드레이크, 『창조, 어둠, 그리고 영혼에 관한 대화』, 55쪽.

피아 성령, 소피아 하느님이라고 부르고 이들이 지닌 힘을 소피아 에너지라고 칭할 것이다.[43] 하느님은 성을 초월해 존재하며 말로 표현되는 하느님은 하느님에 관한 인간의 관념에 불과할 수밖에 없지만, 인간이 하느님에 대해 어떤 이미지를 갖는가는 인간이 이루는 세계상과 긴밀히 연관된다. 하느님의 여성적 인격화인 소피아는 가부장적 자본주의 체제를 거부함으로써 세계를 새롭게 만들어가도록 도와주는 힘이자 이미지이자 명명命名이라고 보기 때문이다.

•• 똥 이야기에 나타나는 증여 원리, 소피아 에너지

앞에서 살펴본 것처럼 늑대할머니와 설문대할망 그리고 김진숙은 모두 자신의 '몸에서 나온 똥'으로 무언가를 창조한다. 똥을 통해 인식의 각성으로 인한 성장과 평화를 이루고, 인간에게 정신적·물질적 풍요로움을 주는 산천을 만들며, 자본주의 국가 폭력을 해체함으로써 새로운 '창조'를 하는 것이다. 또한 이들 이야기에서는 신(여신)이 똥을 통해 인간 세상과 긴밀하게 '결합'된다. 이들에게는 '창조하고 생산하고 결합'하는 소피아의 에너지가 흐르고 있는 것이다.

먼저 늑대할머니, 설문대할망, 김진숙은 자신들이 싼 똥, 곧 자신의 몸에서 나온 똥으로 창조하고 생산하며 결합한다. 이들은 모두 '자신의 몸

---

43 시대의 변화·변혁에 따라 하느님의 명명을 재고할 필요성은 다음을 참조할 것. 존 캅, 『교회 다시 살리기』, 구미정 옮김(한국기독교연구소, 2001).

의 일부', '몸에서 분리되지 않은 것'으로 창조를 하는 것이다. '몸에서 분리되지 않은 똥'이란, 똥이 할머니, 할망, 김진숙의 몸의 일부였으므로 매개체 역할을 하며 그 똥에는 그들(할머니, 할망, 김진숙)의 사랑과 애정, 영혼의 일부가 담겨 있다는 것을 의미한다.

증여와 교환을 통해 자본주의경제를 성찰하는 신이치에 따르면, 현대의 자본주의는 증여의 원리가 거세되고 교환의 원리가 지배적인 체제다. 그에 따르면 "교환과 증여는 사람과 사람 사이를 이동한다는 점에서는 비슷하지만" 목적하는 바는 정반대다. 증여의 경우 '물物'은 이 물을 보내는 사람과 분리되지 않으므로 말하자면 '물'은 중간 대상이라고 할 수 있다.[44]

> 인격으로부터 완전히 분리되지 않은 중간적 대상을 상대방에게 보냄으로 해서 증여는 사랑이나 신뢰가 전달되기를 기대합니다. 물은 필연적으로 중간적 대상으로서의 성격을 띠게 되겠지요.[45]

늑대할머니와 설문대할망, 김진숙은 자신의 몸에서 분리되지 않은 대상이자 사랑과 신뢰가 담긴 중간적 대상(매개물)인 똥을 통해 생산을 하고 창조를 한다. 이들의 이야기에서 창조의 매개물이 되는 중간적 대상은 '똥'이었다. 신이치 또한 똥과 증여의 연관성을 다음과 같이 언급한다.

> 정신분석학에서 '중간적 대상'이라는 표현이 쓰일 경우에는 방금 전까지

---

44   나카자와 신이치, 『사랑과 경제의 로고스』, 김옥희 옮김(동아시아, 2004), 43~45쪽.
45   같은 책, 43쪽.

자신의 체내에 있었는데 배설된 순간 이미 자신으로부터 분리되어 단순히 '물'로 취급될 운명에 처해 있는 대변과 유사한 성격의 것이 연상됩니다. 유아들은 대변에서 자신의 인격의 일부를 발견하고 언제까지나 집착했는데, 증여에도 그와 유사한 면이 있다는 것을 나는 주장하고 싶습니다.[46]

증여의 원리에서 중간적 대상(매개물)은 아이들과 똥의 관계와 같은 의미를 지닌다는 것이다. 권정생의 똥 이야기, 설문대할망 이야기, 김진숙의 이야기에서 '소피아'는 신과 인간, 인간과 인간, 인간과 자연 사이를 움직이며(이동하며) 구원과 창조, 정의 등을 통해 만물을 품어내고 결속시킨다. 이러한 소피아의 에너지는 증여하는 자가 자신의 땀과 사랑이 배어든 '똥(물, 중간 대상)'을 통해 증여를 받는 자에게 자신의 사랑을 전달함으로써 증여자와 물(중간 대상), 그리고 증여를 받는 자를 결합시키는 증여의 원리와 맞닿아 있다. 권정생의 똥 이야기와 설문대할망 이야기, 김진숙의 이야기에서 결합하고 매개하는 소피아의 에너지는 똥이라는 중간적 대상에 그대로 담겨 있는 것이다.

또한 이러한 똥 이야기가 내포한 소피아의 에너지, 증여의 원리는 자본주의에서 발생하는 노동 소외의 문제에 대한 성찰을 자극한다. 신이치는 노동 소외의 문제를 '단절된 회로'라는 개념으로 설명한다. 장인(노동자)은 도구(나무, 흙, 가죽 등)를 가지고 새로운 작품을 만들어내는데, 이때 장인의 도구와 작업하는 환경에는 '애착과 숨결'이 깃들어 있으며 장인이 만든 작품에도 장인의 숨결이 배어 있다는 것이다.[47] 이전에는 증여의 원리

46　같은 책, 34쪽.

에서 보이는 것처럼 장인, 장인의 도구, 장인이 만든 작품이 서로 인격적 유대 관계를 맺고 있었으나, 근대의 공장에서는 이러한 회로가 작동하지 못한다는 것이다. 그는 노동 소외를 노동 과정에서의 단절, 분리, 비인격화로 보고 있다. 물(똥)을 통해 회로를 흐르던 사랑과 신뢰는 화폐를 통한 교환 원리에 따라 획일화·동질화됨으로써 제거되었다는 것이다.

신이치는 증여 사회의 사람들은 증여가 이루어지지 않으면 우주의 힘과 유동이 정지한다고 여겼다면서, 이 시대의 위기적 현상은 증여의 원리와 함께 움직이는 힘이 약화 또는 정지되었기 때문이라고 분석한다.[48] 따라서 증여의 원리가 약화되었다는 것은 증여의 원리를 가능케 하는, 즉 물과 사랑, 신뢰를 결합시키는 소피아의 에너지가 이 세계에 흐르지 못하고 있다는 것을 암시한다.

신이치는 상상력을 통해 '순수증여'라는 개념을 고안했다.[49] 증여의 원리에서는 증여자, 증여물, 증여를 받는 자 간에 답례를 통해 순환하는 둥근 고리가 형성된다. 그런데 이러한 증여의 사이클에 갑자기 '이질적인 것'이 끼어들어 증여'물'이 순환하는 것을 막아버린다. 여기서 이질적인 것이란 신적 존재 또는 농부에게 햇빛 같은 것으로, 증여의 순환을 파괴할 정도로 극한인 증여를 의미한다. 즉, 보답을 바라지도 않으면서 아낌없이 주는 존재와 접촉하게 되는 것을 의미한다. 순수증여에서는 증여자도 알 수 없고 증여'물'도 형태가 파괴되어 알 수 없는데, 이를 신이치는

---

47   같은 책, 153쪽.
48   같은 책, 56쪽.
49   같은 책, 59~72쪽.

"절대성의 원리가 개입했다"라고 표현한다.[50] 고대사회에서는 이러한 순수증여로 인해 갑작스레 늘어난 부나 수확이나 명예를 인간을 초월한 어떤 힘의 증여, 신의 증여로 파악하고 "그 이익의 일부를 그 원천으로 돌려보내려" 했다. 이것을 신이치는 인간의 가장 아름다운 행위라고 말한다.[51] 순수증여로 인해 일시적으로 단절되었던 증여의 순환은 인간이 이것을 신의 원리, 즉 신의 사랑으로 파악함으로써 다시 순환하게 된다. 그러나 신의 원리, 즉 크나큰 존재의 사랑 대신 욕망이나 집착, 돈이 그 자리를 대신하면 신의 사랑에 의한 것으로 파악했던 여분의 증여가 순환되지 않고 축적된다. 따라서 순수증여가 증여의 원리가 살아 있는 농업과 만나면 순생산이 일어나지만 "교환 원리와 만나면 자본의 증식만이 일어난다"라고 신이치는 말한다.[52]

신이치는 자본이 축적되는 이유를 기독교와 연관시키고 있다. "성령은

---

50 순수증여의 예로는 북서해안 연안에 사는 침시아족의 포틀래치 증여 방식을 들 수 있는데, 침시아족에서는 '증여물'을 파괴해 형태를 없앰으로써 가치를 증식시켰다. 즉, 순환하는 증여물인 동판을 침시아족 신임 수장이 바다에 던져버리는 것인데, 이 행위는 신임 수장에게 엄청난 위신을 부여한다. 후에 신임 수장은 가라앉은 동판 조각을 건져 올려 다시 동판을 만드는데, 다시 만들어진 이 동판의 가치는 이전 동판의 가치보다 훨씬 높다. 이는 순수증여에서 나타나는 방식으로, '물'의 형태를 파괴함으로써 선물과 답례로 이루어지는 시스템을 해체하는 것이다. 물의 파괴는 신임 수장이 동판이라는 물을 독점적으로 소유하지 못하도록 하는 상징적인 제의인 셈이다. 물에 신의 원리가 개입되어 있다고 보기 때문에 누구도 물의 소유권을 독점해서는 안 되는 것이다. 이렇게 함으로써 순수증여를 증여의 원리와 접속시켜 순환하게 만든다. 같은 책, 65~69쪽.
51 같은 책, 72쪽.
52 같은 책, 191쪽.

예측 불가능하게 움직이면서 이 세계에 풍부한 영력"을 방출하는데, 이러한 성령의 작용은 순수증여의 작용과 같아서, 영적인 세계에서는 풍부한 영력이 실현되고, 현실의 물질적 세계에서는 부의 증식으로 이어진다고 보았다.[53] 그는 기독교에 의해 자본주의가 발달하자 성령의 힘으로 이루어진 증여의 원리가 이 세계에서 후퇴하기 시작했고 교회의 권위도 추락했다고 분석한다.[54] 순수증여의 원리가 자본의 원리와 접촉하면서 자본주의가 세상을 지배하게 되자 증여의 원리와 순수증여의 원리는 완전히 거세되고 있다고 보는 것이다.

심층심리학, 모스의 증여론, 레비스트로스의 사상, 마르크스와 신화에 기대어 교환과 증식의 원리를 통해 자본주의를 성찰하는 신이치의 연구는 자본주의 세계의 경제와 기독교 간의 연관성에 대한 많은 성찰 중 하나에 지나지 않을 수도 있다. 그러나 교환 원리가 이 시대의 자본주의를 지배하는 원리가 되었으므로 이제는 순수증여의 원리와 증여의 원리를 회복해야 한다는 그의 주장에 동의할 수밖에 없다. 그가 기독교의 성령의 힘 자체를 부인하는 것은 아니다. 그 때문에 그의 글은 소피아 에너지가 무엇과 결합하는가에 따라 자본주의의 부를 축적시키는 강력한 원동력으로 변질·왜곡될 수도 있고 그 변질과 왜곡을 녹이는 힘이 될 수도 있다는 사실을 지적한다고 볼 수 있다. 신이치는 이렇게 말한다. "기독교라는 종교가 성령의 활동을 통해 표현하려 했던 증여의 원리, 좀 더 정확하게 말하면 증여 원리와의 접촉에 의해 표현이 가능해진 순수증여의 실재감이

---

53   같은 책, 185쪽.
54   같은 책, 190쪽.

자본주의 발달과 함께 점차 상실되어 갔습니다."[55] "순수증여의 힘이 증여 원리와 접촉할 경우 거기에는 '영혼 = 영력'의 약동을 포함한 순생산이 발생하게 됩니다. (중략) 그런데 순수증여를 하는 힘이 교환 원리와 접촉해 통과해갈 때는 자본의 증식이 일어납니다. 이때 일어나는 증식은 순생산의 경우와 달리 '영혼'의 활동을 자극하는 것이 아니라 오히려 억제시키는 작용을 합니다."[56] 인간 및 인간이 사는 세상을 향해 지금도 신은 여전히 순수증여를 하고 있지만, 즉 사랑을 주고 있지만 이 사랑 대신 화폐와 상품을 개입시킴으로써 인간세계는 그 사랑에서 확실하게 단절되어가고 있다. 사랑과 애정으로 만물을 결합시키는 소피아의 에너지는 지금도 주어지고 있지만 인간의 탐욕에 의해 소피아 에너지의 흐름이 단절되고 있는 것이다.

신이치는 경제라는 단어의 어원을 살피면서 경제를 황폐한 교환 원리만이 아니라 증여와 순수증여라는 두 원리로 단단히 묶여 있는, 전체성을 가진 운동이라고 생각해야 할 때라고 한다. 그리고 무엇보다 필요한 것은 숫자를 세고 계산하는 능력이 아니라 인간과 동물과 자연을 사랑과 신뢰와 배려로 대하는 능력이라고 말한다.[57] 여기에는 인간과 기독교가 져야 할 책임이 있다고 본다. 현대 세계에서는 인간과 인간, 인간과 자연 사이에 흐르던 사랑과 배려가 확실히 제거되고 있으며, 인간과 자연은 모두 돈과 상품으로 환산되어 추상화되고 있다. 자본주의는 인간과 '물', 인간

55　같은 책, 190쪽.

56　같은 책, 191쪽.

57　같은 책, 214쪽.

과 인간, 인간과 신 사이에 흐르던 사랑과 신뢰를 극단적으로 '분리'함으로써 성립한 체제인 것이다.

　신이치는 이러한 분리, 즉 증여 원리의 거세를 정신분석학적 개념을 빌려 '팰러스_{phallus}의 열락'이라고 표현한다.[58] 자본주의는 분리를 통해 증식(열락)에 취해 있는 체제라는 것이다. 사랑과 신뢰 등을 인간과 자연에서 떼어내고 축적을 통해 배타적으로 홀로 서보려는 자본주의 체제를 그는 여성의 열락, 타자의 열락으로 충만한 세계와 대비시키고 있다. 그에 따르면 여성의 열락이 살아 있는 곳에는 노동과 '물', 수확 사이에 감사와 사랑이 흐르는 증여의 원리, 순수증여가 살아 있어 신과 인간과 물을 결합시킨다. 한마디로 분리(부정성)가 없는 세계인 것이다.[59] 『밥데기 죽데기』의 할머니와 설문대할망, 그리고 김진숙의 이야기에서는 여성(할머니, 할망, 김진숙) 및 그들의 몸과 분리되지 않은 따듯한 똥에 흐르는 소피아 에너지로 인해 분리가 치유되는 새로운 기쁨의 세계가 열리기 시작하는 것이다.

•• 똥을 싸는 행위가 지닌 의미

권정생의 똥 이야기와 설문대할망의 이야기를 '현실화'한 것이라 볼 수 있는 김진숙의 똥 이야기는 지금도 우리에게 흐르고 있는 소피아의 에너지,

---

58　같은 책, 170~171쪽.
59　같은 책, 171쪽.

우리에게 은총으로 부여되는 창조적 자유의 역동적인 에너지를 교환 원리로 맞바꾸지 않기 위해 저항했다는 의미를 지니고 있다. 김진숙의 똥 이야기는 사랑으로 창조하고 결합하는 소피아의 에너지가 이 세계의 현실에서 삶의 능력으로 나타난 것으로서, 소피아의 생명력이 어떻게 현실화되어야 하는가에 대한 물음을 던짐과 동시에 해답을 향한 중요한 암시를 주고 있다.

김진숙이 던진 '똥'에는 김진숙의 땀과 피와 눈물 그리고 사랑과 웃음이 깃들어 있다. 김진숙의 이야기에서 나타난 '똥을 싸는 행위'는 인간과 동물 모두가 하는 '일상적인 행위'다. 자본주의에 대한 거부를 일상의 행위를 통해 실행한 것이다. 그는 이러한 자신의 똥을 자본주의 국가 폭력의 상징이 되어버린 경찰과 용역에게 던졌다. 김진숙은 왜 자본의 폭력에 여성 해고 노동자 자신의 일부가 깃들어 있는 '물', 즉 똥을 던진 것일까?

김진숙이 쓴 『소금꽃나무』에는 자본주의가 축적을 위해 어떻게 여성의 성을 통제하고 여성의 몸을 약탈했는지가 잘 나타나 있다. 그는 버스 안내양 시절에 삥땅을 치지 않았다는 결백을 입증하기 위해 알몸으로 "짐승들" 앞에 서야 했다. 여자와 남자가 커튼 하나를 사이에 두고 잠을 자야 했던 공장 다락방에서는 열일곱 살 순이라는 여공의 가슴을 남자 공원들이 순번을 돌려가며 만졌고, 대구의 옷 공장에서는 "욕먹는 일, 매 맞는 일", "매일 목표량이 늘어나는 일", "주임이 애들 엉덩이를 만지고 지휘봉 같은 걸로 애들 등에 넣어 브래지어 끈을 끊고 해도" 그런 일들이 한 달 월급 2만 원에 포함된다고 생각했다고 한다.[60]

---

60   김진숙, 『소금꽃나무』, 33~40쪽.

김현경과 김주희는 이러한 김진숙과 여성 노동자들의 억압의 경험을 의제화하지 않는 노동운동의 문화와 담론에 대해 문제를 제기한다. 이들은 젠더와 섹슈얼리티를 자본주의 구성 원리로 파악해야 한다고 주장한다.[61] 존 홀러웨이John Holloway는 자본주의 노동은 삶 – 활동(아이 낳기와 키우기, 음식 조달과 준비 등)으로부터의 분리 또는 추상에서 비롯되며, 이러한 분리는 삶 – 활동이 노동의 필요에 근본적으로 종속됨으로써 지탱된다고 말한다.[62] 그는 이런 위계의 성립을 "이중의 인격화", "두 개의 정체성의 창출"이며 "임금노동의 세계에 들어가는 여성은 남성 논리와 자본의 논리가 종종 구분하기 어렵게 뒤섞인 세계에 들어서게 된다"라고 말한다.[63]

역사에서 가부장제의 출현과 더불어 신을 여신으로 표상하는 여신 이야기와 신화가 억압되고 소멸해간 것처럼 가부장적 자본주의가 성별로 노동력을 분리함에 따라 성의 위계가 더 확고해지며 여성의 몸에 대한 유린과 억압이 더욱 무감각하게 이뤄진다는 것을 알 수 있다. 가부장제에 의해 여신의 역사와 여성의 역사는 동일한 지형도를 형성하고 있는 것이다. 그뿐만 아니라 자본주의는 인간과 자연, 정규직과 비정규직, 가난과 부를 분리하는데, 한마디로 분리를 먹고 분리를 토해내는 체제라고 할 수 있다. 이러한 분리는 인간과 자연, 노동 등을 추상화하고 동질화함으로써 가능한데, 이러한 특성을 토대로 작동하는 자본주의는 감정과 몸짓, 호흡

61　김현경·김주희, 「'(여성)노동자' 김진숙에 대한 여성주의적 독해」, ≪페미니즘연구≫, 제12권 제2호(2012), 18쪽.

62　존 홀러웨이, 『크랙 캐피털리즘』, 조정환 옮김(갈무리, 2013), 179쪽.

63　같은 책, 182쪽.

과 관계, 인종, 육체 등 다채로운 요소와 정체성으로 이루어진 인간과 자연에 대한 공격을 가속화하고 있다.

소피아 – 예수는 세상을 이분화하는 율법 체제에 저항했으며 위계와 억압이 없는 평화와 사랑의 하느님 나라는 너희들 안에 있다고 말했다. 그 때문에 예수의 삶이 자신들의 삶의 기원이며 예수의 삶이 자신들의 현재적 삶을 이끄는 힘이라고 시인한 기독교는 이러한 분리와 폭력의 자본주의 체제와 단절하는 세상이 이 땅에 도래하도록 행동에 나서야 한다. 그렇다면 자본주의 체제의 대안적 세계는 어디서 어떻게 시작될까?

권정생의 똥 이야기, 설문대할망 이야기, 김진숙의 똥 이야기에서 새로운 창조와 생산은 파괴와 동시에 이뤄지기 시작했으며 자신의 '몸과 분리되지 않은 똥'과 '똥을 싸는 일상적 행위'를 통해 이뤄졌다. 이들 이야기가 현실에 대해 말하는 바는, 추상화를 통해 분리를 실현하는 자본주의 체제는 똥을 싸는 행위, 즉 구체적인 일상의 행위를 통해 해체되기 시작한다는 것이다. 성서에서 지혜문학은 고대의 일상적 삶을 드러내며 성서의 다른 전승들보다 "일상 속 개인과 세상"의 삶에 대한 관심을 보여준다. 그 때문에 지혜문학에서 등장하는 소피아 – 하느님은 인간의 일상 속에서 활동하고 체험되는 분이기도 하다.[64]

앙리 르페브르Henri Lefebvre의 이론을 성찰한 최종욱은 르페브르가 "일상 생활에 대한 정확한 이해와 비판이야말로 사회 변혁을 위한 결정적인 단초라고 주장했다"라고 한다.[65] 그에 따르면, 르페브르는 "경제적 차원에 국

---

64 마커스 보그, 『성경 새롭게 다시 읽기』, 김중기 옮김(연세대학교출판부, 2004), 208쪽.
65 최종욱, 「앙리 르페브르」, ≪이론≫(1992, 여름), 132쪽. 계간지 ≪이론≫은 ≪진보

한되었던 소외를 전체 삶의 영역으로 확대시켜" 성찰했다. 또한 르페브르는 생산을 "물질적 생산뿐만 아니라 인간들의 사회적 관계의 생산과 재생산까지도 포괄하는 것"으로 생각했다.[66] 이러한 르페브르의 사상은 일상성 비판으로 집약된다고 할 수 있다. 최종욱은 결론적으로 이렇게 말한다.

> 그(르페브르)에 따르면, 일상생활은 재화의 생산뿐만 아니라 인간 자신과 인간들의 관계가 형성되는 구체적인 삶의 장이다. 일상생활은 자본주의 억압과 착취가 자행되는 곳이며 생산관계가 재생산되는 장이기도 하다. 따라서 일상생활은 파편화되고 진부한, 그래서 탐구할 가치조차 없는 그런 대상이 아니라 구체적인 인간 소외 문제가 총체적으로 드러나는 장소이기 때문에 자본주의 사회를 해명하기 위해서는 피할 수 없는 탐구의 출발점인 것이다.[67]

최종욱은 르페브르가 자본주의가 일상생활을 통제하고 계획하며 재배치해 자신의 기반으로 삼는다고 보았다고 말한다. 일상적 삶과 자본주의 체제는 밀접한 연관관계를 형성하고 있다는 것이다. 자본주의에서 나타나는 "향유와 욕구와 노동의 괴리는 일상생활에서 여가와 노동시간의 분리로 구체화"된다. "여가 시간이란 노동력을 재생산에 봉사하기 때문에 노동에 의해 지배당하는 것"이다. 이 때문에 여가와 노동의 분리·단절은

평론≫의 전신이다. ≪이론≫은 1992년부터 출간되었는데, 1996년 ≪진보평론≫으로 이름을 바꿨다.
66 같은 글, 139쪽.
67 같은 글, 144쪽.

더욱 심해지고 "노동에 대한 보상은 더욱더 필수불가결하게 된다". 이것은 결국 사람들에게 일도 여가를 위해 하는 것으로 인식되어 여가는 노동의 도피라는 의미만 갖게 된다. 또한 "자본주의 사회에서는 여가생활조차 자본주의 소비 전략의 대상"이 된다. 즉, 자본주의는 여가 시간에 텔레비전을 비롯한 각종 매체를 동원해 소비자의 욕구와 욕망을 재구성함으로써 여가 시간을 새로운 수요를 창출하는 중요한 통로로 만든다. 그 때문에 여가는 "자본가들에 의해 조작되고 유도된다"는 것이다.[68] 따라서 자본주의를 거부하려면 자본주의적으로 구성된 일상을 거부하고 새롭게 일상을 구성해야 한다. 자본주의는 일상의 깊은 곳까지 침윤해 있으므로 거부와 저항은 일상의 삶으로부터 시작되어야 한다는 것이다.

홀러웨이 또한 자본주의의 균열은 일상의 행위로부터 비롯된다고 본다. 자본주의 흠집 내기는 "우리가 '다른 유형의 행위'를 천명하는 어떤 공간 또는 순간의 아주 일상적인 창출"에서 비롯된다고 말하고 있는 것이다.[69] 그는 감옥을 만든 것은 우리 자신이라고 말한다. "사람들이 생각하고 행동하는 방식의 변형을 초래한 수세기의 역사적 투쟁의 결과"가 추상노동인데, "추상노동은 바로 현재에도 우리가 수행하는 노동"이며 감옥은 그러한 추상노동의 결과이기 때문이다. 물론 이러한 자본주의는 영원히 지속되는 것이 아니라 역사적 지배 이데올로기일 뿐이다.[70]

그러나 그에 따르면 봉건제에서 자본주의로의 역사적 이행은 추상노

---

68 같은 글, 151쪽.
69 홀러웨이, 『크랙 캐피털리즘』, 51쪽.
70 같은 책, 238쪽.

동을 통해 인간의 활동을 시간과 섹슈얼리티, 인격 등 모든 측면에서 폭력적으로 변형시켰으며, 문제는 분리를 통한 이러한 자본주의 시초축적이 자본주의의 전사前史가 아니라 여전히 진행 중이라는 사실이다.[71] 홀러웨이가 지적하는 문제의 핵심은, 세계 인구의 대다수가 생산수단에서 사람들(민중들)을 분리하는 반복적인 행위에 '참가하고 있다는 것'이다. 이러한 반복적인 실천의 결과 자본주의적 사회관계가 부단히 형성되고 있다.[72] 그러므로 자본주의에 대한 거부와 저항 또한 모든 사회적 관계와 그 관계를 만들어가는 일상 행위에서 시작되어야 한다는 것이다.

자본주의가 재구성해내는 사회적 형식의 한편에서 자본주의적 사회관계와 결별한 다른 사회관계를 일상적인 행위를 통해 만들어갈 때 자본주의는 해체되기 시작한다. 이렇게 만들어진 사회적 관계는 자본주의 안에서 소외된 형식일 수밖에 없지만 이러한 소외된 형식에 진정한 창조 행위가 있다고 그는 말한다. 또한 홀러웨이는 소외된 형식이 지닌 창조가 "신이 인간을 창조하고 '재창조'한 것"과 연결되며 "기억의 진리가치"라고 말할 수 있다고 본다.[73] 그가 말하는 '기억의 진리가치'란 추상노동을 부과

---

71 홀러웨이는 지난 50년간 세계 전역의 토지에서 농민이 지속적으로 추방된 것과 도시가 거대하게 성장한 것은 새로운 사적 소유의 창출에서 비롯되었을 뿐만 아니라 자본주의 시초축적과도 관련이 있다고 주장한다. 같은 책, 240쪽.

72 같은 책, 243쪽.

73 홀러웨이에 따르면, 9세기 아일랜드 학자 요하네스 스코투스 에리우게나(Johannes Scotus Eriugena)는 신이 인간을 태초에 창조했을 뿐만 아니라 부단히 반복되는 과정으로서 창조했다고 주장했다. 홀로웨이는 그렇기 때문에 신의 행위는 우리의 삶과 실존이 매순간 파괴를 통한 신성한 창조에 의존하며 열려 있다는 것을 의미한다고 말한다. 또한 홀로웨이는 이러한 논점이 마르쿠제의 '기억의 진리가치'라는 말로

하는 데 대해 수세기 동안 저항해온 '다른 행위'들이 지금 기억으로 살아 있다는 것이다. 이러한 기억으로 인해 추상노동이 승리했음에도 "다른 행위는 억압되지만 근절되지 않고 살아 있다"라는 의미다.[74] 이는 곧 자본주의 시초축적이 진행 중이듯 기억으로 인한 다른 행위는 현재에 실존하고 있다는 것을 의미한다. 이러한 기억은 자본주의 체제가 조직하는 관계와는 다른 관계를 만들어가는 사람들의 척도가 된다. 즉, 역사에서 추상적 노동화에 저항했던 다른 행위에 대한 기억은 무엇이 이 시대에서 소외인가를 알게 하는 기준이 된다는 것이다. 이 기억은 가능한 자기 - 되기이며 '자신과 함께하는 존재에 대한 기억'이기 때문이다. 또한 이러한 기억의 척도가 없다면 자본주의 세계에서 사람들이 자유를 박탈당하고 영혼을 빼앗기고 있다고 말할 수도 없게 된다고 주장한다.[75]

안토니오 네그리Antonio Negri가 말한 삶 권력biopower과 삶 능력biopolitic을 성찰한 조정환에 따르면 '삶 능력'은 '삶 권력'에 대한 대항력이다. 탈근대에 들어 산업 형태와 노동 형태가 달라지고 사회 구성이 달라지자 자본주의는 가치 증식을 위해 삶의 영역까지 노동화하고 있다. 이렇게 "삶 전체가 노동에 편입되어"가고 노동시간과 삶의 시간 간의 경계가 불분명해지자 자본은 이제 불가피하게 "삶과 대면"하게 되었고 "삶 전체를 수탈함으로써만 생존"할 수 있게 되었다. 근대의 국가 권력은 탈근대에 이르러 '삶 권력'이 되었다는 것이다. 이러한 삶 권력은 삶의 시간과 삶 능력을 지배

다시 서술될 수 있다고 본다. 같은 책, 244쪽.

74   같은 책, 245쪽.
75   같은 책, 246쪽.

하기 위해 "군사적 전쟁, 정치적 치안, 경제적 박탈, 정보적 감시 등의 명령과 폭력적인 방식으로 삶 능력에 대한 전쟁을 수행"한다. 조정환은 네그리가 '삶 권력'의 폭압적인 전쟁에 대항하는 전쟁으로 '삶 능력'을 제시했다고 말한다. 그는 삶 능력이란 "삶 권력의 척도 너머로 움직이는 창조력"이며 "삶을 생산하고 재생산하는 구성력"이라고 한다. 또한 "삶 권력의 폭력에서 자신을 방어하고, 다중의 탈주를 용이하게 하며, 특이한 존재들 사이의 소통을 확장함으로써 궁극적으로 '협력을 생산하는 힘'"이라고 말한다.[76]

최종혁이 르페브르를 통해, 조정환이 네그리를 통해, 그리고 홀러웨이가 공통적으로 말하는 바는, 일상적 삶까지 통제하는 자본주의 체제의 전략에 대한 저항은 일상의 삶 가운데서 행위를 통해 다른 일상, 즉 새로운 관계를 창조하는 데서 비롯된다는 것이다. 이들의 주장은 행위를 통해 일상을 재구성해가면서 자본주의에 포섭되지 않는 삶의 관계를 창출하라는 것으로 압축할 수 있다.

•• 김진숙의 똥 이야기가 주는 구원의 의미

김진숙의 이야기에서 '똥을 싸고 똥을 던진 것'이 드러내는 의미는 자본주의 체제가 구성하는 행위와는 다른 행위, 즉 자본주의에 지배된 일상과

---

76 조정환, "협력을 생산하는 해방의 힘, 삶 능력", ≪중앙대학교 대학원신문≫, 2008년 12월 10일 자.

'다른 일상적 행위'를 통해 새로운 형식(관계)을 창조하는 삶의 능력에 있다고 할 수 있다. 이러한 행위를 이끄는 척도이자 힘은 역사적으로 체제가 억압적으로 구성한 일상을 체제와 다른 행위를 통해 해체했던 '자신과 함께하는 존재'가 기억으로 현존함을 시인할 때 가능하다. 소피아는 온 우주에 스며들고 만물을 함께 묶는다(지혜서 1장 7절). 소피아는 분리가 아니라 만물에 스며들어 결합시키는 증여 원리를 추동한다. 김진숙의 행위에서, 희망버스를 탄 수많은 이들에게서 소피아의 현존이 드러난다고 볼 수 있다.[77]

김진숙은 85호 크레인으로 상징되는, 분리를 통해 작동하는 교환 원리와 추상노동의 세계에 그의 온기가 스며들어 있는 똥을 던짐으로써(똥을 싸는 행위는 일상 행위이며 똥을 던지는 행위는 증여 원리에 충실한 행위다) 85호 크레인에서 내려왔기 때문이다. 홀러웨이는, 물신주의는 구성과 실존의 분리이며, 우리가 만든 상품은 일단 만들어지면 상품의 독립적 실존을 획득하고 그 자신의 고유한 과정을 부정한다고 말한다.[78] 문강형준 또한 같은 맥락에서 자본주의의 물신화에 대해 말한다.

상품은 그것을 만드는 데 들어가는 모든 노동의 사회적 성격을 감춰버린다. 사람들은 물건만 보지, 퀵서비스를 위해 목숨을 걸고 오토바이를 타는 배달원은 보지 못하고, 운동화만 보지, 운동화를 만들다 손가락을 잘릴 수

---

77 희망버스는 한진중공업 부산 영도조선소 85호 크레인 앞에서 정리해고 철회를 외치며 고공시위를 벌이는 김진숙을 응원하기 위해 2011년 6월 11일 출범한 버스로, 파업이 끝날 때까지 다섯 차례에 걸쳐 운행되었다.

78 홀러웨이, 『크랙 캐피털리즘』, 242쪽.

있는 노동자는 보지 못한다. '문화산업'의 첨병인 영화는 그 영화를 만들기 위해 일한 시나리오 작가와 스태프들의 박봉이 가려진 곳에서 거래되고, 자동차는 어셈블리 라인에서 밤낮으로 일하던 비정규직 노동자가 정리해고되는 현실이 가려진 곳에서 전시되고, 랩에 싸인 포장육은 생명으로서 어떤 대우도 받지 못한 채 사육되거나 처분되는 소와 돼지의 아우성이 들리지 않는 곳에서 팔린다. 남는 것은 상품 자체와 상품들 사이의 관계이고 가려지는 것은 그것을 실제로 만들어내는 인간과 동물의 비참한 현실이다.[79]

문강형준은 상품 형태의 신비성은 인간을 포함한 생명들의 관계를 초월해 모든 사회적 관계를 상품 관계로 바꾼다는 데 있다고 말한다.[80] 자본주의의 추상화에 의해 인간의 몸에서 분리되어 사라진 똥처럼 많은 사람과 자연이 버려져 보이지 않는다. 자본주의 물신화는 인간이 맺고 있는 모든 관계에 흐르는 소피아의 에너지를 분리하고 단절시키며 가린다. '만물에 스며들어 결합하고 창조하고 갱신'하는 소피아의 에너지는 85호 크레인이 상징하는 자본주의 추상화·물신화의 한가운데서 몸과 분리되지 않는 똥을 싸는 일상적 행위(교환 원리의 극화에 반대하는 증여의 원리를 재현·실천)를 한 김진숙에게 다시 흐르고 있다. 또한 소피아의 에너지는 김진숙 자신의 몸과 분리되지 않고 그의 사랑과 애정이 거세되지 않은 똥(물)에도 흐르고 있다고 말할 수 있다.

이로 인해 기독교가 소피아의 초월만 강조하면 인간은 소피아와 분리

---

79 문강형준, 『혁명은 TV에 나오지 않는다』(이매진, 2012), 210쪽.
80 같은 책, 211쪽.

되어 소피아의 에너지(증여의 원리, 물과 결합되는 사랑과 신뢰)를 체현하지 못하기 때문에 또다시 인간과 물은 단절되어 기독교는 이 시대 시장 체제의 자본축적만을 도모하게 된다는 것을 알 수 있다. 따라서 만물에 스며들어 결속시키는 소피아를 받아들일 때라야 인간의 일상적인 행위(똥을 싸는 행위)를 통해 증여의 원리가 살아 있는 경제 관계뿐 아니라 모든 사회관계가 새로이 창조되기 시작할 것이다.

김진숙의 이야기에서 85호 크레인은 자본주의에 포획당한 삶의 위기를 가리킨다. 한없이 위태롭고 힘든 삶, 바람과 추위를 피할 수 없는 삶, 몸으로 빚어낸 것들과 호흡하지 못하고 몸과 몸이 만나 노래하지 못하는 삶을 가리킨다. 그래서 그는 인간을 피폐하게 하는 교환 원리와 추상노동을 가로질러 크레인에 오른 지 100일째 되는 날 '85호 크레인 위의 한 귀퉁이', 즉 자본주의의 모서리에 상추와 토마토와 딸기 씨앗을 심었다.[81] 그는 85호 크레인이라는 쇠붙이가 상징하는 자본주의적 삶의 한가운데서 상추를 심고 똥을 쌌으며, 자신의 싼 똥을 무기로 삼아 공권이라는 무기를 들고 오는 이들과 싸웠다. 그들의 무기는 삶의 무기가 아니라는 것을 몸의 경험으로 알고 있었기 때문이다.

수많은 김진숙이 희망버스에 올랐다. 그들은 똥을 싼다는 것이 신성하다는 것을 아는 이들이었고, 그러므로 함께 똥을 싸는 행위(일상의 행위)를 통해 자본주의에 균열을 내는 새로운 관계를 창조했다. 여성 해고 노동자 김진숙은 수많은 김진숙의 똥을 싸는 행위와 연결되었기에 85호 크레인에서 내려와 땅에 발을 디딜 수 있었다. 이들은 자기 일상의 다른 행

---

81 "김진숙, 배설물 폭탄 발언에 독일노동자 폭소", ≪한겨레≫, 2012년 5월 29일 자.

위를 통해 자본주의 체제에 가려지고 버려진 얼굴과 몸을 드러냈으며, 땀으로 등에 소금꽃을 피우며 거북선을 만들고 빵을 만들고 옷을 만들어내는 인간을 드러내 보여줬다.[82] 85호 크레인에서 사람들이 죽어간다는 것을 알게 했다. 그들은 거북선과 빵과 옷에서 사람을 보고 자연을 보라고 소리쳤다. 이로써 자본주의가 분리시킨 사람과 사람, 사람과 자연의 긴밀한 관계를 드러냈다.

문강형준은 네그리와 마이클 하트Michael Hardt의 개념을 빌려 삶 권력에 대항하는 삶 능력은 삶의 경험에서 나온다고 말한다. 문강형준은 "갈 곳 없는 사람들은 삶 권력에 흡수되지만 그들 삶의 정치적 능력은 사라지는 게 아니라 점점 성장하고 어느 순간 폭발해 고용 관계를 역전"시킨다고 한다.[83] 크레인에서 내려온 후 김진숙은 "용접공으로 일하면서 겪은, 또한 감옥에서 겪은 고초들이 크레인 위에서 자신을 견디게 했다"라고 말했다.[84] 김진숙이 85호 크레인에 올라가고 마침내 수많은 김진숙들과 협력해 새로운 관계를 창조한 것은 여성 해고 노동자라는, 이 시대의 타자로서의 삶의 경험을 갖고 있었기 때문이다. 김진숙은 똥을 싼 자이기도 하지만 그 자신이 똥이기도 했던 것이다. 여성이며 추상노동에서조차 밀려난 해고 노동자라는 이 시대의 타자성을 한 몸에 지닌, 버려지고 하찮게 여겨지는 똥이다.

김진숙의 이야기는 똥이 똥을 싼 이야기이기도 하다. 똥의 삶 경험에

---

82 김진숙은 자신의 책에서 노동자들이 땀으로 등에 소금꽃을 그리며 거북선 등을 만들었다고 표현했다. 김진숙, 『소금꽃나무』, 9쪽.

83 문강형준, 『혁명은 TV에 나오지 않는다』, 234쪽.

84 "김진숙, 배설물 폭탄 발언에 독일노동자 폭소" 참조.

서 삶의 능력이 나온 것이다. 인간에 의해 억압되지만 근절될 수 없는 소피아의 에너지가 김진숙과 희망버스를 탄 사람들에게 일상의 행위로 소통을 확장시키고 협력을 통해 새로운 관계를 창조하는 삶의 정치적 능력으로 드러났다고 본다. 소피아는 2000년 전 유대 땅에서, 또는 그 이전부터 인간에 의해 지속적인 억압을 받았지만 여전히 기억의 진리가치로서 쇠락해가는 기억을 일깨우며 만물에 스며들어 현존하고 있기 때문이다.

소피아 예수는 나사렛이라는 변방에서 목수의 아들로 태어났다. 목수라는 직업은 그 당시 인구의 5%를 차지하는 농민 계층과 천민 계층 사이에 끼인 계층이라고 할 수 있다. 성서는 그의 타자성을 "나사렛에서 무슨 선한 것이 나오겠느냐"라고 압축적으로 표현하고 있다. 그는 그 시대의 지식인들이 알고 있던 그리스어가 아닌 토속어인 아람어를 썼다. 당시에는 농민(노동자) 가운데 2~3% 외에는 거의 문맹이었기 때문에 그가 문맹이었을 가능성이 크다.[85] 그는 그 시대의 지배 체제에서 버려지고 밀려난 사람으로 이 땅에 와서 살았던 것이다. 그러한 그는 하느님 나라가 가까이 왔다고 회개하라고 외쳤다.

송기득은 그가 하느님 나라를 '가르치러' 온 것이 아니라 온몸으로 '가리키기' 위해서 왔다고 말한다. 하느님의 나라는 새로운 가능성의 세계이며 이 세계는 회개, 곧 자기와 사회의 변혁을 향한 결단을 통해 이루어지므로 가르쳐서 알 수 있는 것이 아니기 때문에 몸으로 외쳤다는 것이다. 소피아 예수는 당시에 버려지고 밀려난 사람들과 자신을 동일시했기 때

---

85   존 도미닉 크로산, 『예수, 사회적 혁명가의 전기』, 김기철 옮김(한국기독교연구소, 2001), 58~59쪽.

문에 가르치는 사람과 가르침을 받는 대상을 구분하지 않았고 따라서 가르친다는 생각도 하지 않았을 것이라고 본다.[86] 소피아 예수는 그 시대의 똥으로서 똥들과 함께 새로운 가능성의 세계를 창조했던 것이다.

소피아 예수는 하느님 나라가 당시 유대 율법 체제의 질서와는 전혀 다른 방향에 있음을 가리키기 위해 온몸으로 일상 행위를 수행했다. 그는 죄인들과 밥을 먹고 나병 환자의 몸을 만졌으며 그들과 함께 거리를 걸었다. 그러나 그의 일상 행위는 당시의 지배 체제가 지배하고 구성한 일상을 가로질러 새로운 일상을 창출했기 때문에 '다른 행위'였다. 지배 체제와 지배 체제의 이데올로기를 내면화한 이들이 만들어낸 생활 방식을 거부하는 행위를 통해 지배 체제에 균열을 낸 것이다. 존 도미니크 크로산 John Dominic Crossan은 하느님 나라는 하느님의 통치이자 하나의 과정이며, 땅 위의 장소라기보다는 삶의 방식, 즉 현재를 위한 생활 방식이라고 말한다.[87] 그에 따르면 하느님 나라는 우리 가운데 현존하는 지혜의 나라로, 지혜의 부름에 귀를 기울이는 모든 이에게 주어지며 세상의 사악한 모든 통치로부터 벗어나 있다.[88] 소피아 예수는 자신의 행위를 통한 가능성의 세계로 우리를 부르는데, 모든 개인적·사회적 관계를 포괄하는 삶을 자본주의 체제가 잠식하고 있는 현 시대에도 이러한 부름에 귀를 기울이는 이들이 있기에 그는 현존한다. 그러므로 "우리의 실제적인 일상 활동에 세계에 대한 이해가 담겨 있다"라는 말의 의미는,[89] 증여 원리로 움직이는

---

86 송기득, 「예수는 무엇을 어떻게 가르쳤는가」, ≪기독교사상≫, 제569호(2006. 5), 23~24쪽.

87 크로산, 『예수, 사회적 혁명가의 전기』, 99쪽.

88 같은 책, 100쪽.

소피아의 에너지가 흐르는 세계를 창조하는 데 참여할 것인지, 아니면 수많은 사람들의 비참한 삶을 만들어내고 유지하길 바라며 소피아 에너지를 파괴하는 자본주의 체제에 공모할 것인지는 일상 행위를 통한 삶의 방식에 달려 있다는 것으로 받아들일 수 있다.

자본주의는 물신의 체제이며 우리 모두는 자본주의의 전략인 교환 원리와 소비생활을 통해 체제를 뒷받침하는 공모자다. 물신의 나라에서 모든 움직임과 창조는 추방과 쓰레기를 생산하는 것과 관련되어 있다. 바우만은 "쓰레기의 분리와 파기는 현대적 창조의 비법"이라고 말한다. "여분의 불필요한 쓸모없는 것을 잘라버림으로써 아름답고 조화로우며 만족스러운 것"이 현현한다는 것이다.[90] 그에 따르면 이 시대의 창조는 쓰레기 만들기와 동시에 일어난다. 이 시대 지구화의 유동성(움직임, 액체성)은 쓰레기가 되는 삶을 양산한다. 배제와 추방으로 움직이는 이러한 물신의 나라는 하느님의 나라를 기만한다. 이 시대에는 자본주의의 창조와 소피아의 창조가 극명하게 다른 방식으로 움직이기 때문이다. 소피아의 움직임은 증여의 원리, 즉 순환시키는 힘이기 때문에 분리와 배제가 아니라 결속과 연합이다.

바우만도 말하듯 문명과 체제의 필요조건은 아름다움과 청결, 질서다. 정결 이데올로기를 통해 위계적 삶을 조직하던 그 당시 소피아 예수는 체제에서 스스로 똥이 되어 밀려나간 자들, 곧 쓰레기와 똥이 된 사람들의 친구가 됨으로써 경계를 해체하려 했다. 먹기를 탐하는 자요, 포도주를

---

89   낸시 홈스트롬, 『페미니즘, 왼쪽 날개를 펴다』, 유강은 옮김(메이데이, 2012), 518쪽.
90   바우만, 『쓰레기가 되는 삶들』, 50쪽.

즐기는 자요, 세리와 죄인의 친구라는 예수에 대한 비난은 이를 의미한다. 이러한 예수 소피아의 행위가 현 시대에 더욱 의미를 갖는 이유는 이제 배제와 추방으로부터 자유로운 것은 아무것도 없다는 사실 때문이다. 우리 모두는 이 위협과 공포로부터 도피하기 위해 추방을 방기함으로써 쓰레기 생산에 공모한다. 내가 추방되지 않기 위해서는 누군가가 추방의 자리에 계속 머물러 있어야 하기 때문이다. 소피아가 행위로 실현하려 했던 세상은 버려진 것, 쓰레기와 똥이 된 것에 하느님 나라가 있다는 것을 시인하는 세계이자 사랑과 신뢰로 순환되는 세계이므로 영구히 추방되는 자는 존재하지 않는다. 분리와 단절의 공포와 불안이 자신들이 증식하는 힘의 근거이자 유지 비법인 이 체제와 달리, 소피아 예수는 버려진 자들 스스로 평화와 사랑의 나라를 만들어갈 수 있다는 것을 끊임없이 시도·증명함으로써 두려움과 공포를 종식시키려 했기 때문이다.

바우만은 이 시대에는 하나의 마법이 존재한다고 본다. 이 마법이란 "최신 유행의 징표를 과시하는 사람들이 모두 틀릴 수는 없으므로" "선택하는 사람의 수가 많을수록 대상의 품격은 높아지며" 그러한 대상은 아름다움까지 지니게 된다. "아름다움은 높은 판매고, 박스오피스 순위, 플래티넘 앨범, 치솟는 텔레비전의 시청률"에 있다는 것이다. 이 시대의 구원은 통계와 숫자이지만 "포함과 배제의 게임"이 우리가 공통적으로 영위하는 인간생활의 유일한 형태인지 질문하라고 그는 말한다.[91] 신성의 징표였던 높은 품격과 아름다움은 이제 상품과 소비라는 일상 행위를 통해 숫자와 통계의 징표가 된 것이다.

---

91   같은 책, 222~223쪽.

구원은 먼 데서 오는 것이 아니라 가까이에서, 우리가 일상 행위를 통해 만들어가는 삶과 삶의 방식을 질문하는 것에서 시작된다. 일상 행위를 통해 새로운 삶의 방식을 주조함으로써 자본주의와 불화하고 자본주의를 거부할 때 삶 전체를 지배하는 자본주의는 해체되기 시작한다. 그러므로 구원은 늘 진행되는 과정에 있다. 하느님 나라는 개인과 사회를 포함한 모든 관계의 새로운 가능성이며 변혁을 의미한다. 이 시대의 새로운 관계란 행위를 통해 이전과는 다른 일상(삶)을 만들어가는 것을 의미하며, 이는 또한 삶의 깊은 곳까지 스며든 자본주의를 몸으로 거부하는 것을 의미한다.

구원은 기도나 축복을 통해 이루어지는 일회적인 것이고 지정된 장소 또는 자신들이 설정한 경계 안에서만 일어난다고 믿으면서 '삶의 일상을 소외'시키는 이들이 말하는 구원은 소피아 예수가 온몸으로 가리켜 하느님 나라로 보여준 구원과는 다르며, 일상 깊은 곳까지 스며들어 만물을 사랑과 정의로 연합시키는 그분이 말하는 구원과도 아주 다르다. 구원은 나와 세상을 '포월'하는 그분을 향해, 그분의 현존을 향해 삶을 정향하는 것이기 때문이다.[92]

김진숙의 똥 이야기에서 구원은 김진숙과 희망버스를 탄 수많은 김진

---

92 '포월'은 1990년대부터 김진석(문학비평가·철학자)이 '소내'와 함께 천착한 미학적·철학적 개념이다. 김진석은 포월이라는 용어를 초월에 대응하는 구체적인 현실에서 사고하자는 의미로 사용하고 있으며, "자기 배로 기어서 삶의 결정적인 국면을 넘어"간다는 의미를 지닌다[고명섭, 『담론의 발견』(한길사, 2006), 23쪽에서 인용]. 이 글에서는 구체적인 인간사과 자연사를 함께 겪고 넘어서거나 넘어서게 하는 소피아의 특성을 설명하기 위해 사용했다.

숙에게 있다. 그들은 분리를 통해 인간과 자연을 자본의 욕망과 동일화하고 모든 관계를 추상화하는 자본주의를 가로지르는 일상적 행위를 통해 만물을 감싸 안고 결합하는 소피아 에너지의 현존을 확인케 했다. 그들은 무엇이 버려지고 잊히는가를 묻는 한편 가려진 것들의 파괴를 통해 증식을 도모하고 일상을 지배하는 권력이 어떻게 작동하는가에 대해 물었다. 또한 그들은 지배 체제의 권력의 척도를 넘어 소외되고 버려진 것에 공감했으며 무엇이 소외이며 분리인가를 각성하도록 이끄는 다른 척도가 현존하고 있음을 상기시켰다.

•• 똥의 역동적 이미지에 근접하는 세계를 향해

권정생의 이야기, 설문대할망의 이야기, 김진숙의 이야기에서 똥은 물질이자 자연이자 인간을 의미한다. 이 똥은 늑대할머니, 설문대할망, 김진숙의 몸속에 있었던 것이다. 그것(똥)은 모든 인간의 내부와 외부 구분 없이 동시에 존재하므로 인간인 동시에 똥이자 자연이다. 이들 이야기에서는 똥에 소피아의 사랑과 정의, 연합의 에너지가 흐르며, 이 에너지는 사랑과 정의와 연합의 이미지로 충만한 관계를 생산했다. 이들이 주는 의미를 한마디로 압축해서 말한다면 '똥 속의 하늘'이다. 똥은 인간과 자연 모두를 의미하므로 인간과 인간, 인간과 자연을 잇는 매개체이기도 하다. 이 똥에는 소피아의 영이 깃들어 있으며 이 영은 정의와 사랑, 창조와 구원의 에너지다. 만물을 감싸 안고 갱신하며 결합하는 이 자유로운 힘을 자본의 이익으로 또는 돈으로 단절시키지 않을 때 이 세상에 존재하는 모든 관계에서 그리고 자연과 인간의 몸에 있는 똥에서 존재가 피어날 수 있다. 즉, 소피아의 에너지가 피어나는 것이다.

이들 똥 이야기가 말하는 '똥 속의 하늘'에서는 더럽고 추한 것 아니면 황금과 돈 등 세상이 중요시하는 가치나 이익으로 이분화된 똥의 이미지가 이어질 수 있다. 이들 이야기에서는 모든 인간 내부의 물질(자연, 똥)과 밖의 '물'인 자연, 나, 다른 인간, 더 나아가 우주가 똥으로 연결될 수 있다는 상상을 제공한다. 그러므로 '나'의 밖에, '우리들' 밖에 있는 더럽고 추한 똥은 바로 나이자 우리들이다. 자본주의 체제가 끊임없이 생산해내는, 쓰레기이자 똥인 '그들'의 삶은 곧 나의 삶이자 '우리들'의 삶이다. 이들 이야기에는 똥에 똥을 싼 여신(할망, 할머니, 김진숙)의 에너지가 깃들어 있으며 똥을 싸는 행위는 신성이 깃든 행위로 인식된다. 똥을 싸는 행위는 지배 체제에 의해 위계와 억압으로 구획된 일상에 증여의 원리로 움직이는 소피아의 에너지가 흐르는 새로운 관계를 창조하는 것을 의미하기 때문이다. 그러므로 이들 이야기는 '똥 속의 하늘'을 드러내면서 버려져서 추하고 더러운 것으로서의 똥의 이미지를 전복시킨다.

똥 속의 하늘이라는 이미지를 형성하는 것은 모든 인간은 소피아의 에너지를 품고 있고, '여성'은 고정적이 아닌 일시적인 정체성을 갖고 있으며, 인간은 남성이자 여성이고, 자연은 외부가 아니라 모든 인간이라는 이미지를 형성하는 것과 다름없다. 권정생의 『밥데기 죽데기』 이야기와 제주도 설문대할망 이야기, 김진숙의 이야기가 생성하는 똥 속의 하늘이라는 이미지는 그러므로 똥 속의 하늘이 있는 세상에 근접해가려는 도저한 열망이며 현실화라고 할 수 있다. 이러한 열망은 똥을 싸는 행위, 즉 일상적 행위를 통해 현실화되기 시작된다고 보면서 이러한 현실화의 사

례를 김진숙의 몸과 몸에서 나온 똥 이야기를 통해 살펴보았다. 예수 -
소피아가 말한 하느님 나라는 삶의 방식이다. 김진숙의 이야기에서는 이
러한 삶의 방식이 '똥이 똥을 싸는 행위'로 재현되고 있다.

5

생태로 본 똥 이야기

•• 권정생의『랑랑별 때때롱』의 생태적 의미

권정생의 유작인『랑랑별 때때롱』은 생태적인 의미를 담은 판타지 동화다. 이 동화에서도 권정생의 '뒷간 철학'이 나타난다. 똥오줌을 통해 인간과 자연을 파괴하는 문명을 비판하고 있는 것이다.『랑랑별 때때롱』이야기는 다음과 같이 전개된다.

'지구'에 사는 새달이와 마달이 형제(이하 새달이 형제)에게 어느 날 '랑랑별'에 사는 같은 또래의 때때롱과 매매롱 형제(이하 때때롱 형제)가 종이 비행기 편지를 보낸다. '방귀'는 새달이 형제가 받은 첫 편지에서부터 등장해 지구별과 랑랑별의 형제들 사이에 즐거운 얘깃거리가 된다. 이들이 서로 나누는 이야기에서 방귀뀌는 소리는 '픽 픽', '뿡 뿡' 등으로 유쾌하게 묘사되고, 새달이 형제와 때때롱 형제는 똥통, 오줌싸개, 똥싸개라는 말을 놀이처럼 자연스럽게 사용한다. 오염되지 않는 순수의 세계로 표상되는 아이들에게 똥은 감춰져 있는 것도 감추는 것도 아닌 것으로 표현되는 것이다.

그러던 어느 날 새달이 형제는 흰둥이와 누렁이, 잠자리와 개구리, 온갖 벌레들과 함께 때때롱 형제가 사는 랑랑별로 날아간다. 새달이 형제가 도착해서 본 랑랑별은 가족들 중 할머니의 역할이 가장 크고 1식 3찬을 먹으며 호롱불을 켜고 땀 흘려 몸을 움직이며 사는 곳이다. 가부장제 또는 효율성과는 거리가 먼 소박하고 검소한 생활을 하는 것으로 그려지고 있는 것이다. 이러한 랑랑별을 갑갑하게 여기는 새달이에게 때때롱은 랑랑별이 '500년 전'에는 전깃불과 텔레비전, 컴퓨터를 이용해서 살았지만 모두 실패하고 지금의 모습으로 살게 되었다고 말한다. 새달이 형제는 온통 쓰레기뿐이고 사람 사는 곳이 못 되는 지구별에서 왔기 때문에 새달이 형제에게 '500년 공부'를 시켜주겠다는 때때롱 형제의 할머니를 따라 나선다. 랑랑별의 500년 전으로 돌아가게 된 것이다.

권정생은 '500년 공부'라는 표현을 통해 새달이 형제가 때때롱의 할머니와 500년 전의 랑랑별로 돌아가 보는 것의 중요성을 강조한다. 새달이 형제와 때때롱의 가족이 돌아간 500년 전의 랑랑별은 지금의 랑랑별(500년 후의 랑랑별)과는 완전히 대별되는 다른 세계로 묘사된다. 500년 전의 랑랑별에 사는 보탈이라는 소년을 따라가 경험한 랑랑별은 최첨단 과학문명의 세계다. 이곳에서는 사람과 자동차 등이 모두 로봇이며 단추 하나만 누르면 필요한 모든 것이 주어진다. 또한 엄마와의 접촉 없이 "맞춤아기"들이 태어나고 아기들은 이름이 아닌 숫자로 번호가 매겨진다. "병든 사람도 없고 다친 사람도 없고 그냥 죽는 날만" 기다리는 세계로, 식물이

들판이 아닌 유리 온실에서 자라는 세계로, 아무것도 할 일이 없는 세계로 그려지는 것이다.

보탈을 따라 500년 전의 랑랑별을 여행하던 중 새달이 형제와 때때롱 형제의 가족 일행은 500년 후의 랑랑별에서 뒷간에 오줌을 싸던 방식대로 들판에 오줌을 싼다. 그러자 로봇 경찰이 친 그물에 잡혀 경찰서에 끌려간다. 500년 전 랑랑별에 사는 로봇 사람들은 잡힌 새달이 일행을 원시인이라고 부르며, 새달이 일행은 모두 벗었던 투명 망토를 다시 입고 경찰서를 빠져 나온다. 이때 때때롱의 할머니는 장난기가 발동해서 홍길동 '놀이'를 하며 500년 전 랑랑별에 사는 사람들을 놀라게 하다가 500년 후의 랑랑별로 돌아온다.[1]

권정생은 『랑랑별 때때롱』 이야기에서 500년 후의 랑랑별과 새달이 형제가 사는 지구별을 대비시킨다. 지구별은 농약과 쓰레기가 많은 세계다. 그에 비해 500년 후의 랑랑별은 1식 3찬을 먹고 구멍 난 양말을 신는 할머니의 모습을 통해 검소하고 소박한 세계로 그려진다. 또한 가족 중 할머니의 역할이 가장 크다는 표현을 통해 가부장제가 지양되고 노인이 존중받는 세계임을 암시한다. 가부장제와 젊음을 숭배하는 지구별과는 다른 세계임을 드러내는 것이다. 할머니가 새달이 형제의 산수 실력에 놀라는 장면에 이어 새달이 형제에게 '산수 공부'보다 '500년 공부'를 제안하는 장면이 등장하는 것은 '500년 후의 랑랑별'은 숫자보다 다른 가치를 중시하는 세계임을 드러낸다. 모든 것을 계량화하는 지구별의 자본주의적 삶에 대한 비판이 드러나는 것이다.

---

1   권정생 글·정승희 그림, 『랑랑별 때때롱』(보리출판사, 2008) 참조.

그러나 500년 전의 랑랑별과 500년 후의 랑랑별은 무엇보다도 올더스 헉슬리Aldous Huxley의 소설 『멋진 신세계』를 연상시키는, 과학 문명이 극에 달한 세계와 호롱불을 켜고 땀을 흘리며 몸을 움직이는 세계의 대비로 확연히 대별된다.[2] 500년 후의 랑랑별은 때때롱의 할머니가 로봇 경찰에 잡혀 있는 위기 상황에서도 '홍길동 놀이'를 하는 것으로 묘사되어 놀이와 유머가 살아 있는 세계로 표현된다. 이와는 다르게 500년 전의 랑랑별 사람들은 놀 줄도 모르고 웃을 줄도 모르며 "모두가 머리는 천재처럼 좋아 보이지만" 몸은 퇴화되어 둔해지는 세상으로 표현된다. 또한 500년 전의 랑랑별은 질병이 없는 세계로 묘사되어 자연적 순환을 거스르는 인위의 세계로 묘사된다. 500년 전의 랑랑별이라는 문명 세계는 자동화 시스템으로 과학의 효율성을 얻는 대신 몸의 감각과 감정, 관계 등을 제거해버린 세계인 것이다. 반면 500년 후의 랑랑별은 호롱불을 켜고 뒷간에서 오줌을 누는 비효율적인 세계이지만 몸을 움직여 일하고 사람과 사람 사이에 웃음과 눈물 등의 감정이 살아 있는 세계로 대비된다.

이야기의 후반에서 들판에서 오줌을 누면 잡혀가고 원시인으로 취급받는 장면은 과학 문명이 극에 달한 500년 전의 랑랑별 세계를 상징적으로 드러낸다. 이 장면에서 권정생은 500년 전의 랑랑별에서는 공중화장실에서 오줌을 누는 것은 허용되지만 들판에서 오줌을 누는 것은 금지된

---

[2] 헉슬리는 『멋진 신세계』에서 멋진 신세계, 즉 과학 문명이라는 유토피아를 풍자·비판하고 있다. 『멋진 신세계』에서는 유토피아가 자동차와 첨단 기기들로 둘러싸여 효율성(속도)만 남은 채 질병도 없고 관계도 감정도 제거된 세계로 그려진다는 점에서 권정생이 표현하는 '500년 전의 랑랑별'과 유사한 내용과 의미를 담고 있다고 볼 수 있다.

것으로 묘사한다. 공중화장실로 대변되는, 깨끗하고 위생적이며 기계적이고 효율성을 중시하는 500년 전의 랑랑별과, 뒷간이 상징하는, 더럽고 냄새나며[3] 몸으로 모든 것을 하기 때문에 비효율적이지만 인간과 인간, 인간과 자연의 유대 관계가 살아 있는 500년 후의 랑랑별을 대비시키고 있는 것이다.

이러한 내용을 담고 있는 권정생의 『랑랑별 때때롱』은 똥과 오줌, 뒷간을 통해 과학 문명의 세계를 비판하고 풍자한다. 권정생의 이 이야기는 문명에 의해 쓸모없고 더러운 것으로 여겨져온 똥과 오줌을 자연과 인간이 극도로 황폐해져가는 이 시대에 다시 사유하도록 요청한다. 이 시대에 더러운 똥으로 상징되곤 하는 쓸모없음과 비생산성, 순환성에 대한 성찰은, 자본주의와 과학 문명을 뒷받침하는 근대 주체의 생성 논리를 비판하는 한편 공생하는 삶을 향한 생태적 전망을 열어줄 것이다. 또한 똥의 상징은 예수의 성육신과 긴밀하게 연관되어 시대적 요청에 부합하는 신학적 사유와 삶으로 이끈다.

•• 똥의 탄생, 그리고 재탄생

권정생의 이야기에서도 나타나듯이 똥은 문명화된 세계의 금기禁忌라고 할 수 있다. 정종진에 따르면, 금기는 성스러운 것에 접근하지 못하도록

---

3   『랑랑별 때때롱』에서는 '들판'에 오줌을 누는 것과 '뒷간'에 오줌을 누는 것이 내용상 같은 의미를 지니는 것으로 나타난다. 권정생, 『랑랑별 때때롱』, 153쪽 참조.

하는 방식과 부정하고 위험한 것을 피하는 방식, 두 가지로 나타난다. 금기가 시대를 달리하며 존속하는 이유는, 금기는 공동체의 질서와 통합을 강화하기 위해 마련된 장치이기 때문이다.[4] 금기는 사회의 질서 유지와 통일을 위한 것이므로 사회 통제와도 밀접한 관련을 가지고 있으며 이분법의 원리에 따라 만들어졌으므로 통합과 동시에 배제를 낳을 수 있다. "금기는 권력과 지배 이데올로기의 프레임이 되고 울타리가 되면서 체제를 유지"시키는 원리가 될 수 있는 것이다.[5]

똥을 금기시하는 것은 문명에는 똥이 있어야 하기 때문이다. 즉, 문명의 정당화와 합리화는 똥을 상정함으로써 확고해질 수 있기 때문이다. 똥(오염)은 문명 세계의 질서를 구축하기 위해 만들어진 분류 체계가 설정한 경계로 인해 생성된다. 오염은 모든 구조의 경계가 명확하게 규정되는 곳에서 발생하는 위험이다. 분류 체계의 경계선을 가로지르는 것은 위험한 것, 불결한 것으로 규정되며, 똥은 인간 몸의 안과 밖에 동시에 존재하며 액체와 고체의 경계에 있으므로 위협적인 것으로 간주된다.[6] 때문에 문명이라는 성소는 더럽고 끈적끈적한 똥을 통해 만들어진다. 자본주의 문명에 의해 되돌릴 수 없을 만큼 파괴되고 있는 인간과 자연의 문제는 바로 여기에 있다. 문명의 성화聖化 또는 정화가 더럽고 불결한 '똥'에 대한 '억압과 배제'를 통해 성립되었으므로 이제 인간과 자연은 똥을 억압하거

---

4   정종진, 「금기 형성의 특성과 위반에 대한 사회적 대응의 의미」, ≪인간연구≫, 제
     23호(2012년 가을), 82쪽.

5   같은 글, 86쪽.

6   유제분, 「메리 더글라스의 오염론과 문화이론」, ≪현상과 인식≫, 제70호(1996.
     11), 51~53쪽.

나 배제함으로써가 아니라 '똥'에 대한 의식과 실천을 '재사유'함으로써 생존할 수 있다.

계몽과 이성을 믿지 않는 냉소주의는 오히려 계몽될수록 가속화된다고 보는 페터 슬로터다이크Peter Sloterdijk는 "철학, 윤리학과 정치학에까지 빛을 비추고 있는 생태학의 정신사적 업적은 쓰레기 현상을 고상한 주제"로 만들었다는 데 있다고 말한다. 그는 생태학적 작업이 쓰레기를 부차적인 현상이 아니라 근본 원칙이라는 것을 인정하게 했기 때문에 "이상주의와 이원론의 마지막 은신처가 억지로 열리게 되었다"라고 한다.[7] 쓰레기를 바라보는 시각은 이원론의 해체 및 이원론에 따라 가속화되는 생태 파괴와 긴밀한 관련이 있다고 보는 것이다. 슬로터다이크는 이렇게 말한다.

> 인간이 자신의 배설물과 어떤 관계를 맺어야 할지에 대해 주입된 방식은, 생활에서 나오는 전체 쓰레기들을 대하는 태도의 모델이 된다. 그러나 사람들이 이제까지 보통 그것을 무시했다. 현대의 생태학적 사유의 기호 아래에서 비로소 우리는 우리의 쓰레기를 의식 속에 재수용하지 않을 수 없는 상황에 처했다. 높은 이론은 똥이라는 범주를 발견함으로써 자연철학의 새로운 단계, 즉 과잉생산하고 똥을 축적하는 산업 동물이라고 인간을 비판하는 단계에 이른 것이다. (중략) 자신이 쓰레기의 생산자이고 다른 선택의 여지가 없다는 점을 인정하지 않을 때 사람은 언젠가 자기 똥에 질식사할 위험을 무릅쓰는 셈이다.[8]

---

7   페터 슬로터다이크, 『냉소적 이성비판』, 이진우·박미애 옮김(에코리브르, 2005), 285쪽.

이러한 주장은, 인간이 자신이 눈 똥(쓰레기)을 어떻게 다루느냐가 인간의 모든 관계와 연관된다고 보는 입장이라고 할 수 있다. 정신분석학에서 인간이 내부의 똥(무의식)을 억압할 때 자기분열로 이어진다고 보는 것과 같은 맥락으로, 똥을 '폐기물'로 여기는 태도는 인간과 자연의 모든 관계를 폐기하는 것으로 이어진다. 문명이 성립하기 위해 억압과 분리로 똥을 탄생시켰다면, 이제 문명의 존립을 위해서는 똥에 부여했던 부정성을 거두고 이전과는 다른 방식으로 똥을 만나야 한다는 것이다. 이러한 의미에서 그는 똥의 재탄생을 주장하고 있다고 말할 수 있다.

권정생 또한 『랑랑별 때때롱』을 통해 같은 뜻을 드러낸다. 권정생의 이야기를 보면 500년 후의 랑랑별에서는 500년 전 과학 문명 시대와는 달리 들판에서 오줌을 누는 것이 자연스러운 세계로 묘사되기 때문이다. 500년 전의 랑랑별은 공중화장실에서만 똥오줌을 싸는 것이 허용되는 세계, 즉 똥을 폐기물로 취급하는 세계였다. 그러나 500년 후는 똥을 들판에서 싸는 것이 당연한 세계, 즉 똥을 재생과 순환의 관점에서 보는 세계로 표현한다. 500년 전의 세계가 똥을 문명의 적으로 설정함으로써 성립했다면, 권정생의 이야기에서 진정한 진보의 세계라 할 수 있는 500년 후의 세계는 똥의 폐기가 인간과 삶의 폐기임을 깨닫고 똥이 재탄생하는 세계라고 할 수 있다. '들판에 똥을 싸는 것을 당연시하는 세계'는 똥이 들판(땅)에 스며들어 거름이 되고 쌀이 되고 사람이 되고 다시 똥이 되어 순환한다는 것을 아는 삶을 의미한다고 볼 수 있다.

유기농을 하며 인분을 퇴비화해 재순환시키는 데 앞장서온 조셉 젠킨

---

8   같은 책, 284쪽.

스Joseph Jenkins는 자연에 폐기물이란 없다고 말한다. 따라서 폐기물이라는 개념을 만들어낸 인간에 의해 폐기물이라는 단어가 사라져야 한다고 주장한다.[9] 똥에 대한 인간의 태도가 변화해야 함을 역설하는 것이다.

기이하게도 우리는 태어나는 순간부터 죽을 때까지 우리와 함께할 뿐 아니라 모든 사람이 하루도 빠짐없이 배설하고 있는 인분에 대해 끈덕지게 외면해왔다. 우리가 이처럼 인분의 재순환 문제에 대해 마치 모래 속에 얼굴을 파묻고 모른 체하려 하는 타조와 같은 태도를 취하는 이유는, 똥이라는 말조차 입에 담기 싫어하는 사회 정서 때문이다. 그것은 사회적 금기로서 화제로 삼을 수 없는 것이다. 하지만 머지않아 우리는 그 문제를 골똘히 다루지 않을 수 없는 시점에 다다르게 될 것이다. 자연계에는 폐기물이란 없다. 그것은 사람들의 이해 부족으로 만들어진 잘못된 개념일 뿐이다. 잘못된 개념을 없애기 위한 비밀의 열쇠는 우리 인간이 찾아야 한다. 자연은 수천 년 전부터 그 열쇠를 인간에게 전달할 준비가 되어 있고 그때를 기다리고 있다.[10]

'모래에 얼굴을 파묻고 모른 체하는 타조의 머리'는 하루에도 몇 번씩이나 깨끗한 수세식 화장실의 물을 내리는 일상의 삶을 사는 현대인의 초상이다. 화장실에서 똥을 물과 함께 버리는 행위가 결국 자신의 몸과 자연을 더럽히고 엄청난 자원 낭비를 가져온다는 사실은 똥이 버려지면서

9   조셉 젠킨스, 『똥살리기 땅살리기』, 이재성 옮김(녹색평론사, 2004), 30~31쪽.
10   같은 책, 24쪽.

말끔하게 버려지는 것이다. 박승옥에 따르면 수도권의 2000만 명이 하루에 똥오줌을 보내기 위해 수세식 화장실에서 쓰는 수돗물 양만 180만 톤이며, 1년이면 약 6억 6000만 톤의 수돗물이 소요된다고 한다. 그는 수도권 주민들이 똥오줌을 씻어내는 데만 1년에 동강댐 두 개 정도의 물을 쓰고 있으며 문명은 똥의 '학살'로 이루어지고 있다고 말한다.[11] 똥에 대한 이러한 태도는 생활 방식과 관련되어 있으며, 모든 인간을 둘러싼 관계와 연관성을 갖는다. '위생적인 수세식 화장실'은 자본주의 문명의 거짓 진보, 즉 위선을 보여준다. 자본주의의 하수도를 따라 수많은 장애인과 가난한 이들과 굶주린 자들이 부유하고 있으며, 이들은 변기의 물을 한 번 누를 때마다 사라져간다. 젠킨스의 표현처럼 "그것이 어디로 가는지 알지도 못하고 또 신경 쓰지도 않는" 것이다.[12] 이로 인해 똥을 퇴비화해서 쓸모 있게 만들 때 진짜 위생이 이루어진다는 정직한 인식도 함께 떠내려간다.

젠킨스는 세계에는 먹는 물에다 똥을 누는 사람과 그렇지 않은 사람, 두 부류의 사람이 있다고 말한다. 그에 따르면 수돗물에 용변을 보는 관습은 서양 세계의 표준 양식이다. 수돗물에 용변을 보지 않으면 비문화인, 이방인, 또는 가난에 찌든 자로 간주하거나 사회의 극단적인 부적응자로 치부하기 때문이다.[13] 그는 서양에는 똥을 폐기해야 할 대상으로 보는 고정관념이 빚어낸 똥 공포가 아직도 살아 있어 똥은 대단히 위험한

---

11 박승옥, 「똥은 에너지다」, 《녹색평론》, 제86호(2006년 1·2월), 54~58쪽.
12 젠킨스, 『똥살리기 땅살리기』, 39쪽.
13 같은 책, 39~40쪽.

존재라는 인식이 뿌리 깊게 남아 있다고 말한다.[14] 젠킨스가 지적하는 것처럼 수돗물에 용변을 보는 행위, 즉 똥을 폐기물화하는 것을 당연시하는 태도는 그것으로 그치는 것이 아니라 인간관계를 규정짓는 의식의 작용과도 결합되어 있다.

이 때문에 정진홍은 엘리아데의 사상을 이야기하며 "인간의 삶은 중첩된 구조의 틀"로 이루어진다고 말한다. 그는 "나무를 나무로 승인하면서 그것을 나무이되 나무이지 않다고 일컬어지는 경험을 서술할 수 있는 범주가 만들어져야 한다"라고 주장한다.[15] 똥 또한 그러한 서술 범주에 있다면 똥을 버리는 행위는 그 자체에만 그치지 않고 인간이 인간을 대하는 태도와도 연관된다. 이렇게 똥을 버리는 행위에서 중첩된 구조를 읽을 수 있는 이유는, 근대 들어 첨예화된 문명과 야만이라는 구도에서 야만으로 카테고리화된 것들이 불결한 똥으로 치부되고 서사화되기 시작했으며 더불어 인간이 똥의 폐기물화가 가속화되는 것을 경험했기 때문이다.

•• 근대 주체가 만들어낸 똥, 더러운 똥

자본주의 산업 문명이 아프리카 오지까지 파고든 오늘날에는 똥을 혐오하는 이러한 태도가 서양뿐 아니라 동서양을 막론하고 나타나고 있다. 근대에 형성된 주체 형성 논리는 동양에 이식·수용되어 똥을 대하는 태도

---

14 같은 책, 144~145쪽.
15 정진홍, 『M. 엘리아데: 종교와 신화』, 21쪽에서 재인용.

또한 동서양에서 한결같이 혐오와 배제로 나타나고 있다.

존 그레고리 버크John Gregory Bourke는 문명의 초기 단계에서 근대에 이르기까지 똥이 질병의 치유와 종교의식에서 중요하게 활용되었음을 각 지역의 여러 사례를 통해 보여준다. 근대에 이르기까지 똥오줌같이 몸에서 나온 분비물 등 "인간에 속한 모든 것은 신비스러운 사물로 대상화되어 당연히 효험이 있는 약제"로 여겨졌고, 이러한 현상은 똥과 오줌을 몸속에 지닌 존재가 성인이나 라마승인 경우 훨씬 강하게 나타났다는 것이다.[16] 버크가 쓴 책의 역자인 성귀수는 이러한 태도가 "부분이 전체를 대신할 수 있다"라는 원칙으로 인한 것이라고 설명한다. 인간의 배설물은 인간의 신체에서 떨어져 나온 머리카락이나 손톱, 심지어는 살과 뼈처럼 인간의 일부로 여겨졌기 때문이다. 똥오줌은 인간과 이어지고 신인동형론에 따라 신으로 이어져 신성한 것으로 치부되었다. 종교적 의례에서 배설물을 마시고 먹고 바르는 행위는 초월 세계에 닿으려는 인간의 종교적 열망이었다는 것이다.[17] 버크에 따르면 인간과 짐승의 배설물을 종교의식에 사용하는 행위는 전 세계에 널리 퍼져 있었는데, 이러한 행위는 기독교의 유입과 선교, 종교개혁을 통해 사라지기 시작했고 변형된 형태로 흡수되기도 했다.[18] 신성시되었던 똥이 혐오스러운 오물이 되기까지에는 기독교가 영향을 미쳤다고 말하고 있는 것이다. 버크의 성찰에서도 알 수 있듯, 똥에 부여되었던 신성성은 점점 희미해지다가 근대에 이르러 똥이

---

16 존 그레고리 버크, 『신성한 똥』, 성귀수 옮김(까치, 2002), 248쪽.

17 같은 책, 272~273쪽.

18 같은 책, 30~36쪽.

혐오의 대상으로 여겨지기 시작했음을 알 수 있다.

신영복은 동양의 근대화란 곧 서구화를 의미하며, 현대에는 근대성에 대한 반성과 성찰이 있어야 한다고 주장한다.[19] 그는 전 지구적 자본주의를 움직이고 있는 근대 서양 문명의 구성 원리를 비판하고 반성하기 위해서는 동양 고전 사상의 저변을 이루는 관계론을 성찰해야 한다고 본다. 그는 "서구 근대사가 서양 문명의 기본적 구성 원리와 무관할 수 없으며 오늘날 패권 질서 역시 서구의 근대사와 무관할 수 없다"라는 입장이다.[20] 물론 동양 사상을 통해서만 근대 서양 문명의 구성 원리를 비판할 수 있다고 주장해서는 안 될 것이다. 이러한 주장은 자칫하면 서양 문명에 대한 동양 문명의 우월을 주장하는 것으로 이어질 수 있기 때문이다. 그러나 신영복이 『강의』를 통해 이 시대에 동양의 사상을 성찰할 필요가 있다고 말한 것은 이와 다른 맥락을 가지고 있다고 본다. 서양 근대에 뿌리를 둔 자본주의는 인간과 인간, 인간과 자연 사이의 위계를 구획하는데, 신영복은 동양 사상의 밑바닥에 흐르는 관계론적 사고가 이를 재고할 수 있는 '하나의 실마리'가 될 수 있다고 간주하는 것으로 여겨지기 때문이다. 여기서는 한국의 근대와 서양의 근대 간의 연관성이 깊다고 보는 신영복의 견해에 동의하며 한국의 근대에 나타난 똥에 대한 태도 역시 서구의 근대 주체 형성 논리와 연관되어 있다고 본다.

고미숙은 『한국의 근대성, 그 기원을 찾아서』에서 한국에서 근대 주체가 어떻게 형성되었는지를 살피고 새로운 주체 구성을 모색한다. 그에 따

---

19 신영복, 『강의』(돌베개, 2004), 330쪽.

20 같은 책, 30~34쪽.

르면 한국의 근대성 논의는 내재적 발전론이나 근대화론을 중심으로 이상적이고 정상적인 근대를 상정하는 가운데 진행되고 있다. 그러므로 자신은 "근대의 기원에서 일어난 전도 과정을 통해 기원을 전복하는, 즉 근대성의 외부를 사유"하는 작업을 하겠다고 말한다.[21]

그는 한국의 근대가 서구의 근대를 내면화해 형성되었으며 한국의 근대에서 서양 문명국은 기독교로 표상되었다고 분석한다.[22] 그의 성찰에 따르면 김옥균의 『치도약론』과 서재필이 주관한 ≪독립신문≫ 등에 실린 19세기 말 급진 개화파들의 글은 "문명 개화의 척도로 위생을 전면에 표방"하고 있다. 이들에게 "서구 문명은 '위생적인 건강'이라는 표상으로 다가왔으며 그 표상에 비친 조선의 얼굴은 악취에 찌들어 말할 수 없이 약하고 병든 모습이었다"라는 것이다. 서양 문명의 표상으로 여겨지는 '건강한 신체, 건강한 정신'은 계몽주의자들의 모토였고, 그들이 구현하려한 건강한 신체는 "질서정연한 몸가짐과 청결한 생활 습관"을 가진 근대 국민이었다. 계몽을 통해 구현하려 한 신체는 "서구인과 동일한 문명화된 신체"로서 병리학 체계의 산물이며, 위생적인 삶의 규율을 통해 만들어야 하는 것이었다. 고미숙에 따르면 이러한 근대적 시선 장치를 통해 "똥은 문명의 적"이 되었으며 비위생적이며 냄새나는 혐오의 대상이 되었다.[23] 김옥균은 이렇게 말한다.

---

21   고미숙, 『한국의 근대성, 그 기원을 찾아서: 민족·섹슈얼리티·병리학』(책세상, 2001), 12~13쪽.

22   같은 책, 32쪽.

23   같은 책, 135~136쪽.

내가 들으니, 외국 사람이 우리나라에 왔다 가면 반드시 사람들에게 말하기를 "조선은 산천이 비록 아름다우나 사람이 적어서 부강해지기는 어려울 것이다. 그보다도 사람과 짐승의 똥, 오줌이 길에 가득하니 이것이 더 두려운 일이다"라고 한다 하니 어찌 차마 들을 수 있단 말인가.[24]

김옥균의 이러한 발언은 서구의 근대 주체 형성 논리를 답습한 한국 근대 지식인들의 내면 풍경을 가늠하게 한다. 고미숙은 "한국 근대에는 이러한 위생담론과 병리학적 체계가 정신적 가치"를 포함하는 "수사학적 의미망을 구축"하고 있었다고 본다. 이렇게 사회 전체를 지배한 청결/불결, 건강/질병이라는 대립은 기독교의 체계, 즉 신학적 이원론과 견고하게 결속되어 근대적인 몸과 정신을 정립하고 양산했다는 것이다.[25] 똥과 오물, 세균과 질병을 악으로 각인시키는 신학적 이분법을 통해 형성되는 "위생 유토피아"에 대한 믿음은 분리와 경계를 통해 근대의 동일성이라는 토대를 확고하게 했다. 즉, 위생을 통해 표상되는 '건강한 신체'를 지니지 못한, 여성을 포함한 소수자들은 이 동일화의 장에서 제외되어 쓸모없고 위험하며 악한 존재가 되는 것이다. 고미숙은 근대의 주체를 형성하는 이러한 논리를 넘어 "질병과 공존한 삶"을 통해 위계가 없는 새로운 관계, 즉 "집단 주체"를 향해 나아가자고 제안한다.[26]

한국의 근대 주체 형성에 관한 고미숙의 비판적 성찰은 권정생이 『랑

---

24 김옥균, "치도약론", ≪한성순보≫, 1884년 7월 3일 자. 고미숙, 『한국의 근대성, 그 기원을 찾아서』, 134쪽에서 재인용.
25 고미숙, 『한국의 근대성, 그 기원을 찾아서』, 160~166쪽.
26 같은 책, 167쪽.

랑별 때때롱』에서 500년 전 첨단 과학 문명을 기반으로 한 랑랑별이라는 유토피아 세계를 '질병이 없는 세계'라고 묘사했던 것과 같은 맥락을 이룬다. 권정생이 '질병 없는 세계'를 동시에 '들판에서 오줌 누는 것을 금지하는 세계'로 묘사했던 이유이기도 하다. 따라서 권정생의 이야기에서 500년 전의 랑랑별과 대비되는 500년 후의 랑랑별에서 등장하는 '들판에 오줌을 싸는 할머니'의 역동적인 모습은 억압된 똥오줌의 재생과 복귀를 의미한다고도 볼 수 있다. 근대 주체의 형성과 동시에 똥과 오물, 세균과 질병이 불결하고 더러운 것, 제거되어야 할 것으로 타자화되었다고 할 수 있다. 문제는 고미숙도 언급한 것처럼 이러한 근대적 표상 체계가 여전히 자본주의 한복판으로 이어지고 있으며,[27] 인간과 자연의 생존 위기에 대한 공감 능력을 가로막는다는 데 있다.

고미숙의 성찰에서도 드러나듯이, 한국의 근대는 서양의 근대를 모방함으로써 형성되었다고 할 수 있다. 그렇다고 이것이 한국의 근대 주체가 서양의 주체와 동일함을 의미한다고 볼 수는 없다. 스튜어트 홀Stuart Hall의 주장처럼, "식민지 경험을 가진 사람들의 자아의식은 하나의 순수하고 안정적인 본질로 환원할 수 없으며, 오히려 역사와 문화에서 외상적traumatic이고 단절적이며 우발적 균열에 반응해 만들어진다"라고 볼 수 있기 때문이다.[28] 그러나 정용화는 한국에서 발생한 "초기 근대화의 개념과 방법을 둘러싼 정치적 갈등은 사상적으로 서구 문명관의 수용과 저항을 둘러싼

---

27 같은 책, 12쪽.

28 Stuart Hall, "The Emergence of Cultural Studies and the Crisis of the Humanities," *October*, vol. 53(1990), pp. 11~23. 정용화, 「한국인의 근대적 자아 형성과 오리엔탈리즘」, 34쪽에서 재인용.

갈등과 다름없었다"고 말한다. 또한 그는 "근대화란 근대의 표준이라고 여겨지는 문명을 수용하는 것이고 그 근대는 서구의 근대를 모델로 하는 것"이었다고 말한다.[29] 서양 근대의 문명을 수용하는 과정에서 서양 근대의 논리가 한국의 근대 주체를 형성하는 데 많은 영향을 미쳤음은 부인할 수 없는 일이다. 또한 근대 주체를 형성하는 동서양의 전략적 이데올로기인 오리엔탈리즘은 제국주의와 식민지뿐 아니라 자국 내에서도 인간의 위계화 및 인간이 자연을 대하는 태도에 중요하게 작용했다. 즉, 동서양의 근대 주체 형성에 동원된 오리엔탈리즘이 똥의 폐기물화를 가속화하는 데 영향을 미쳤다고 할 수 있다.

한국의 근대 주체 형성에 영향을 미친 서양의 근대는, 식민주의 및 16세기 유럽을 중심으로 등장한 후 19세기에 이르러 전 지구적으로 확장된 자본주의를 포함한 기독교 문명을 빼놓고는 설명할 수 없을 것이다. 정용화는 자본주의와 기독교 문명의 확산을 위한 기제라고 할 수 있는 서양 근대의 오리엔탈리즘이 한국의 근대적 자아 형성의 주요 환경이자 심각한 왜곡 요인으로 작용했다고 주장한다. 식민주의의 정당화 및 식민화에 필요하다는 이유로 서양인이 만들어낸 동양인의 이미지는 일본을 통해 들어왔고 한국인들이 이를 내면화하면서 "한국인의 자아상이 구체화"되었다는 것이다.[30]

문명 대 야만이라는 이원적 분리를 바탕으로 성립한 오리엔탈리즘은 서구중심주의에서 나온 태도라고 할 수 있다. 서구중심주의는 문명의 기

---

29   정용화, 「한국인의 근대적 자아형성과 오리엔탈리즘」, 38쪽.
30   같은 글, 34~35쪽.

원이 유럽에 있으며 유일한 보편성을 지니므로 타자를 평가할 수 있는 절대 척도라는 견해에 바탕을 두고 있다. 유재건은 서구중심주의가 유럽이 아메리카 대륙을 정복한 데서 시작되고 발전해왔다고 본다. 아메리카 정복은 "유럽 근대 형성에 결정적인 요소"였으며 "유럽의 자기이해에 불가결한 요소"였다는 것이다.[31] 그는 근대의 서구중심주의는 유럽이 식민주의를 통해 새로운 정체성을 구성하면서 시작되었고 이와 더불어 과학혁명과 17~18세기의 계몽주의에 의해 형성되었다고 본다.[32]

그에 따르면 계몽주의는 이중적인 면모를 지니는데, 스페인의 식민지 정복을 공격하는 한편 "온화한 식민주의, 즉 상업에 근거한 식민지를 옹호"했다. 또한 계몽주의는 16~18세기 상업의 확대, 식민지 정복에 따른 사회 변화에 따른 자기 문명에 대한 자신감 상승, 사물을 대상화하는 과학정신의 뒷받침을 통해 형성되었다고 본다. 따라서 "타자를 포용하는 보편주의 내면에는 타자에 대한 세속적 순치에 대한 자신감이 자리 잡고 있었다". "스스로를 보편이라고 정의하는 계몽주의가 타문화를 하위자로 위치시키는 것"은 당연한 일이었고, "지식을 체계화하는 17세기의 지적 풍토와 결합해 위계적 세계상"을 만들어냈다는 것이다. 즉, 계몽주의가 표방하는 보편적 인간주의는 식민주의가 재편성한 위계적 세계상을 건드리지 않는 한에서 성립할 수 있었으며, 이러한 이중성은 이후에도 계속되는 서구중심주의의 뚜렷한 특징이라는 것이다.[33] 유재건에 따르면 이러한 상황에

31 유재건, 「근대 서구의 타자인식과 서구중심주의」, ≪역사와 경계≫, 제46집(2003. 3), 33쪽.
32 같은 글, 32~36쪽.
33 같은 글, 37~38쪽.

서 이제 "'문명'이라는 용어는 복수의 문명이 아니라 야만과 대조되는 단 하나의 문명, 단 하나의 과정이라는 의미를 띠고 처음으로 등장"했다.[34]

그는 계몽주의가 표방하는 보편적 인간주의는 식민지와의 관계에서 비롯된 위계적 권력관계를 건드리지 않는 한에서 이야기되었다고 분석한 다.[35] 즉, "계몽주의가 추구한 보편성의 정신은 19세기 문명화 사명 담론이 보여주듯이 식민주의를 완성하는 훌륭한 도구로 작용"했던 것이다.[36] 서구중심주의는 "식민지가 확대되면서 유럽과 타자의 차이를 이항대립으로 극대화시키는 것이 계속 필요했지만" 한편으로는 식민지가 그들의 "문명화의 가능성 지평 안에 있는 존재로 상상"되었던 만큼 "식민지에 대한 동질화와 차별화가 동시에 진행"되었다는 것이다. 유재건은, 자신들이 타자를 문명화해야 할 사명을 지녔다는 문명화 사명 담론의 이중성은 식민지 확장과 동시에 유럽 내부의 민족국가를 형성하기 위해 구사한 전략이었다고 본다.[37] 그에 따르면 아메리카 정복의 시기에 제기된, 미개인들이 기독교를 통해 완전해질 수 있다는 주장은 19세기의 문명화 사명 담론과 유사한 서구중심주의를 드러낸다. 또한 계몽주의의 시기에 보인 이중성은 식민지가 확대되면서 19세기 서구중심주의에 그대로 나타났다. 유재건의 성찰을 통해 본다면 서양 근대의 정체성과 주체성은 식민지 정복과 확장 그리고 계몽주의를 통해 형성되었음을 알 수 있다.

에드워드 사이드Edward Said는 오리엔탈리즘이 허위와 신화임이 밝혀지

---

34 같은 글, 37쪽.
35 같은 글, 37~38쪽.
36 같은 글, 39쪽.
37 같은 글, 41쪽.

더라도 일거에 없어지리라고 생각해서는 안 된다고 했다.[38] 유재건은 2세기 이상 방대한 지식 체계와 학문적 성과를 축적해온 산물인 오리엔탈리즘을 극복하기는 어려운데, 오리엔탈리즘을 극복하기 어려운 이유는 오리엔탈리즘이 서구인들의 타자 인식일 뿐만 아니라 비서구인들 스스로 체화시킨 세계관이기 때문이라고 분석한다.[39] 따라서 그는 근대에 대한 접근 방식을 바꿀 필요가 있으며 "근대를 서구의 내적 결정체로 보는 인식에서 벗어나" "위계적 세계를 토대로 성장한 근대성을 근원적으로 재검토"하는 것이 중요하다고 말한다. 서구가 말하는 근대에는 서구의 경험 외에 다른 경험, 즉 "전 세계의 남녀가 공유하는 공간과 시간, 말과 글쓰기의 각기 다른 경험이 없다는 것"이야말로 '근대성의 어두운 측면'이라는 것이다.[40] "근대성을 순전히 유럽적인 것으로 설정하고 이것이 전 세계로 퍼져나갔다는 가정은 그간 타자의 존재를 지워버리는 신화를 만드는 것이며 이러한 신화는 서구가 주변부에 대한 억압 체제를 구축하는 것을 용이하게 했다고 보는 것"이다.[41]

그러나 앞서 말한 것처럼 오리엔탈리즘은 동양에 대한 서양의 인식과

---

38 에드워드 사이드, 『오리엔탈리즘』, 박홍규 옮김(교보문고, 2000), 24쪽.

39 유재건, 「근대 서구의 타자인식과 서구중심주의」, 44쪽.

40 W. D. Mignolo, *The Darker Side of the Renaissance*(The University of Michigan Press, 1995), p. 317. 유재건, 「근대 서구의 타자인식과 서구중심주의」, 45쪽에서 재인용.

41 E. Dussel, "Beyond Eurocentrism: The World-System and the Limits of Modernity," in F. Jameson & M. Miyoshe(eds.), *The Cultures of Globalization* (Duke University Press, 1988), pp. 3~4. 유재건, 「근대 서구의 타자인식과 서구중심주의」, 46쪽에서 재인용.

태도, 그리고 이를 내면화한 동양에서만 국한되어 작용한 것이 아니라 서양에서 자국 내의 민중을 향해 동원되었다.

야콥 블루메Jacob Blume가 쓴 『화장실의 역사』는 더럽고 냄새나는 '물질적 똥'이 어떤 방식으로 더럽고 냄새나는 '더러운 인간'으로 전화되는지를 보여준다.[42] 18세기 말 다른 유럽 국가들보다 100년이나 앞서 산업혁명이 일어난 영국은 중앙 하수 시설을 도입한 선구자라고 할 수 있다. 블루메의 성찰에 따르면 "수백 년 동안 오물과 악취는 생활수준이 달라 배설하는 것도 다른 특권층에게서 서민들을 분리시켜왔기 때문에 후각의 장벽은 곧 계급 간의 장벽"이었다.[43] 이러한 상황에서 수세식 화장실을 도입하는 것은 '표면적'으로 인간 평등을 실현한 것으로 보였다.

당시 영국 상원의 빈민위원회 서기장이었던 에드윈 채드윅Edwin Chadwick이 쓴 「영국 노동자 계급의 위생 상태에 대한 보고서」는 국가가 위생 관념을 통해 어떻게 노동자의 신체와 생활을 통제·규율하고 노동자를 자본축적에 동원했으며 하층민을 더럽고 냄새나는 똥으로 만들어갔는지를 보여준다. 채드윅은 자신의 보고서에서 이렇게 말한다.

기존 질서가 근본적으로 변화할 때마다 자연히 엄청난 오물이 나오게 마련인데 지금의 산업혁명도 마찬가지다. 모든 정의는 불분명해지고 기존의 것은 모든 상규에서 벗어나거나 쓰레기가 되어버릴 처지에 놓여 있다. 그러므로 이제는 극도로 신중하게 행동하고 외적인 청결과 내적인 청결에

---

42 야콥 블루메, 『화장실의 역사』, 박정미 옮김(이룸, 2005).
43 같은 책, 223쪽.

똑같이 유의할 때다. 청교도주의와 더불어 이제부터는 피부가 다른 것과 접촉하는 일을 피해야 한다. 그리고 위생이라는 것이 등장해 일종의 신앙심이 될 것이다.[44]

블루메가 채드윅의 보고서를 통해 성찰한 바에 따르면, 채드윅은 "건강 관리는 국가 경제"에 속하며 "소중한 조국을 사랑하는 마음으로" 있는 힘을 다 바쳐야 할 분야로 묘사했다고 한다.[45] 채드윅은 "부실한 위생 상태를 정치적 과격성의 대두나 알코올 중독의 전파와 같은 모든 사회악"으로 여겼다. 비위생적인 노동자들의 주거 환경을 채드윅이 '비경제적'이라고 표현한 것을 통해 서민 대다수의 주거 환경 개선은 노동력을 확보하기 위해 근면과 투지를 고양하려는 목적을 갖고 있었음을 알 수 있다는 것이다. 블루메는 이러한 위생 관념의 강조로 "특수한 사회적 냄새"에 대한 관심이 증가했다고 말한다. 그 결과 "오물 수렁으로 인한 위협은 인간 수렁으로 인한 위협으로" 바뀌었다. "프랑스 파리에서는 1832년 콜레라 확산의 책임을 자기 자신의 오물에서 나는 악취로 썩어가는 자들이라고 불린 프롤레타리아 계층에 전가시켰다." 오물과 배설물이 서민의 본질을 이루는 결정적인 요소라고 생각했던 것이다.[46] 블루메에 따르면 이러한 착각은 다른 사회적 범주로 확대되어 윤리적 사고와 혼동되었다. 착각과 혼동은 창녀와 유대인을 불결함 및 "루터의 더러운 상상력이 생각해낸 모든

---

44 Christian Enzensberger, *Gro erer Versuchber den Schmutz*(Munchen, 1968), p. 88. 블루메, 『화장실의 역사』, 224~225쪽에서 재인용.

45 블루메, 『화장실의 역사』, 225쪽.

46 같은 책, 226~227쪽.

것"과 연관시키는 것으로 나타났고 마침에 히틀러에 이르게 되었다는 것이다.[47] 나치즘이 즐겨 사용하던 은유가 세균학이나 위생운동에서 나온 것임은 히틀러가 1941년 자신을 향해 했던 말에서 제대로 확인된다. 히틀러는 자신을 "유대인이 사회를 분해시키는 세균이자 효소임을 발견해 낸 로베르트 코흐"라고 일컬었다.[48]

블루메의 성찰을 통해 근대 자본주의 기독교 문명의 주체는 국가가 위생학을 통해 신체를 규율하는 과정에서 성립한 것임을 알 수 있다. 위생·청결 대 오염·타락이라는 구도를 통해 불결한 똥, 불결한 인간을 생산함으로써 가능했던 것이다. 또한 오리엔탈리즘이 식민지를 타자화하기 위해 사용된 것만이 아니라는 사실을 확인하게 한다. 오리엔탈리즘은 민중을 자본주의 근대 문명에 강제로 편입시키고 자본주의 축적에 동원하기 위한 전략, 즉 자국 내부의 민중을 타자화하는 전략으로도 사용되었던 것이다.

앞에서 언급한 고미숙의 성찰은 이러한 오리엔탈리즘의 전략이 어떤 방식으로 한국 내부의 민중을 타자화하기 위해 사용되었는지를 말해준다. 한국의 근대는 서구의 근대와 구별되는 지점이 있으나 서구 자본주의

---

47 같은 책, 227쪽. 블루메에 따르면 루터는 똥과 밀접한 관련이 있는 사람이다. 종교 개혁을 화장실에서 구상했으며, 1545년 발행한 그의 논박서에는 교황이 왼손에 똥 덩어리를 들고 있는 그림이 실려 있다. 또한 욕을 모아놓은 그의 서간집에는 교황이나 악마, 개인적인 것에 이르기까지 모든 것이 "똥 같은 것"으로 표현되어 있다. 같은 책, 248~249쪽.

48 John Gregory Bourke, *Der Unrat in Sitte, Brauch, Glauben, und Gewohn-heitsrecht der Völker*(Frankfurt am Main, 1996), p. 128. 블루메, 『화장실의 역사』, 227쪽에서 재인용.

근대 문명을 모델로 삼음으로써 발전과 도구적 이성을 맹신하는 서구중심주의에 갇혀 오리엔탈리즘을 내면화했다고 볼 수 있다. 무엇보다도 버크를 비롯해 이제까지 살펴본 학자들의 성찰은 근대에 똥의 폐기물화가 어떻게 가속화되었는지와 더불어 동서양의 근대에 식민지와 자국 내의 민중이 어떻게 더럽고 불결하며 버려져야 할 똥과 동일시되었는지를 보여준다.

이러한 점에서 유재건과 정용화, 블루메 및 고미숙의 성찰은 동서양의 근대가 공통적인 기류를 형성하고 있음을 보여준다. 또한 유재건과 고미숙, 블루메의 성찰은, 이상적 근대를 상정하는 것은 근대 형성의 파행적 행로를 은폐하는 일임을 말해준다. 이러한 파행적 행로의 은폐는 동시에 타자화된 것들의 경험을 지우는 것으로 이어진다.

그러므로 오리엔탈리즘을 넘어선다는 것은 서구가 보편성을 구성하는 방식을 넘어서는 것이다. 서구는 지금까지 타자를 배제하는 방식으로 또는 타자를 자기들이 설정한 위계질서의 내부로 끌어들여 하위 주체로 질서지우는 방식으로 문명의 정점에 스스로를 위치시켰는데, 이러한 방식을 거부하는 것이다. 이는 곧 문명과 야만이라는 이분법적 구획으로 형성된 보편 주체를 해체하기 위해 문명과 야만, 순수와 오염, 남성과 여성이라는 경계에 서는 것을 의미한다. 경계 설정은 경계에 서 있던 것을 경계 안으로 끌어들여 억압하거나 경계 밖으로 내모는 두 겹의 배제를 통해 성립했음을 인식하는 것이다.

오리엔탈리즘 넘어서기의 시작은 경계선상에 있는 것들을 불러오는 것이며, 이는 서구중심주의가 공백으로 만들려 했던 식민지의 경험을 불러오는 것이기도 하다. 똥의 폐기물화는 삶에서 지닌 중첩된 의미를 불러오는 것이자 똥의 순환을 불러오는 것이다. 앞에서 살펴본 오리엔탈리즘에 대한 성찰을 통해 우리는 오리엔탈리즘이 방대한 체계로 이뤄지고 내면화되어 인간의 신체와 자연까지 재구성하기 때문에 이를 넘어서기란 쉽지 않음을 알 수 있다. 그러나 오리엔탈리즘, 즉 근대의 주체를 형성하는 논리를 넘어서는 일은 이러한 논리를 해체하는 다른 세계를 상상하는 데서부터 시작된다.

•• 똥 이야기, 공존의 서사

도정일은 이미 잘 알려진 것처럼 서구적 백인주의, 인종차별주의, 남성주의, 제국주의, 오리엔탈리즘 서사들의 강력한 동기와 정당성은 순수 대 오염이라는 대립 구도에서 비롯된다고 말한다. 이러한 대립 구도에 의해 "자연은 인간에 의해 질서지어지고 통제가 필요한 혼돈이거나 오염"으로 간주되며 삶과 죽음도 배타적 관계를 이룬다는 것이다.[49] 새삼스러울 것도 없는 이야기들을 그가 다시 언급한 이유는 "서구/비서구 또는 동양/서양의 서사 전통의 잘 알려진 부분이나 덜 알려진 부분이 지금 우리 시대에 필요한 상상력의 자원으로 재가동될 수 있는가"를 묻기 위해서다. 그는 "모순 대립물을 상호 배타적 관계 또는 해결할 수 없는 배반율(안티노미)로 보지 않고 공존 관계에 두는 서사적 상상력은 우리 시대의 곤궁을

---

[49] 도정일, 「서사적 상상력을 재가동하기」, 김우창 외, 『경계를 넘어 글쓰기』(민음사, 2001), 367쪽.

사유하는 데 귀중한 자원적 중요성을 갖는"다고 본다.[50]

똥 이야기를 하는 것, 똥의 폐기물화를 거부하고 똥의 순환을 생각하는 것은 오리엔탈리즘에 침윤된 개인과 세계를 거부하는 상상력이자 공존을 위해 실천하는 힘이 될 수 있다. 앞서 말한 것처럼 똥은 몸의 안과 밖에 있으며, 액체와 고체의 경계에 있으므로 터부시되었다. 똥에 대한 금기와 억압은 근대의 주체 형성 논리인 오리엔탈리즘에 동원되기도 했다. 그러므로 똥과 똥 이야기를 불러오는 것은 억압되었던 식민지의 경험을 불러오는 것이자 문명과 진보를 단선적으로 설정한 근대 서구 중심의 논리를 거부하는 것이다. 무엇보다도 똥의 순환을 말하고 실천하는 것은, 미국과 자본주의를 보편적 질서로 간주하고 전 세계를 중심과 주변으로 또는 부와 가난으로 위계화시킴으로써 오리엔탈리즘의 현대판 체계화가 진행되고 있는 이 시대에 억압과 묵인으로 이중 배제되는 것들의 재생을 이야기하는 것이다.

도정일 또한 혼돈과 더러움에 관한 이야기가 "서구 서사 전통에서 대체로 무시, 배제, 억압해온 것들을 복구"할 수 있는 자원이 될 것이라고 본다.[51] 그에 따르면 지금 이 시대는 "자유주의 이데올로기들이 믿고 싶어 하듯 인간이 가질 수 있는 최선의 세계"이기보다는 "인간이 만들 수 있는 문제적 세계의 한 절정"이다. 무엇보다도 "인간이 자기의 삶과 시간과 공간 전체, 그의 혼과 몸 전부를 시장 가치에 내맡기고 그것의 측량법과 판단에 지배되는" "거대한 타락의 시대"이기 때문이다. 이러한 시대에 '비서

---

50   같은 책, 768쪽.
51   같은 책, 767~768쪽.

구'라고 불러야 할 것은 "현재의 절대적 시장 체계와 세계 현실로부터 고통받고 있는 모든 것, 그 체제와 현실에 저항하고 맞서는 모든 것, 거부의 목소리를 되찾으려는 모든 것"이라고 말한다.[52] 따라서 비서구는 폐기물화된 것, 곧 똥이며, 똥으로 상징되는 여성, 소수자, 가난한 자, 레즈비언, 자연이라고 할 수 있다. 이는 곧 영과 육으로 분할된 세계에서 육체로 규정된 모든 것이다.

쥘리아 크리스테바Julia Kristeva가 말하는 아브젝시옹abjection은 몸에서 배출되는 똥, 오줌, 구토물, 고름 등을 더럽게 여기는 경험이며 이것들을 추방하는 과정이자 경계를 설정하는 수단을 의미한다. 폐인, 폐물로 번역되는 아브젝트abject는 "상상적 이질성인 동시에 현실의 위협"이며, "동일성이나 체계와의 질서를 교란시키는 것"이며 "지정된 한계나 장소나 규칙"을 인정하지 않는 "어중간하고 모호한 혼합물"이다.[53] 아브젝시옹은 라틴어 'abjectio'에서 유래한 단어로, 공간적 간격, 분리, 제거를 의미하는 'ab'와 '내던지다'라는 뜻을 지닌 'jectio'의 합성어다.[54] 똥이나 오줌 등의 오물은 인체(나)에서 나왔기 때문에 주체에 속하기도 하며 인체에서 분리되어 '나' 아닌 것이 될 수도 있다. 따라서 분리의 논리를 벗어나 있는 것, 주체와 객체가 생성되기 이전의 미분화 상태에 있는 것이며, 경계를 지우며 경계선에 있는 것을 의미한다. 똥은 결정된 정체성과 체계를 교란시키는 '혼란과 질서를 한 몸에 지닌 모순 대립물'이라고 할 수 있다.[55] 그러므로

---

52 같은 책, 761쪽.

53 쥘리아 크리스테바, 『공포의 권력』, 서민원 옮김(동문선, 2001), 25쪽.

54 이승이, 「경계의 매혹과 두려움」, ≪한국 프랑스학 논집≫, 제56집(2006. 11), 380쪽.

55 '혼란과 질서를 한 몸에 지닌 모순 대립물'이라는 표현은 도정일, 「서사적 상상력을

똥의 폐기물화를 거부하고 똥의 순환, 똥의 재생을 이야기하는 것은 분리와 억압을 통해 형성된 근대 주체를 비판하고 공생의 삶을 모색하는 것이기도 하다.

앞서 도정일이 말했던 '대립하는 모순 대립물을 공존 관계에 두는 서사' 중 하나가 똥의 서사, 곧 똥의 순환에 대한 이야기라고 할 수 있다. 한자로 똥을 의미하는 '분糞'은 '쌀米'과 '이異'로 이루어져 있다. 똥은 쌀의 다른 형태이지만 하나의 본질이라는 뜻이다. 또한 임재해에 따르면 우리나라에서는 똥을 누는 곳을 뒷간, 해우소라고 했는데 뒷간은 집과 거리를 둔 곳에 있었다. 뒷간을 집에서 떨어진 곳에 둔 것은 냄새를 줄이려는 목적도 있었지만 잿간과 마구간, 두엄더미가 있는 곳에 뒷간을 두려는 목적도 있었다는 것이다. 이처럼 공간을 배치한 것은 거름을 용이하게 생산하기 위해서였다. 생리 현상을 해결하는 것을 목적으로 하는 서양식 화장실과 달리 똥은 곧 거름이라고 보았기 때문에 두엄더미 주위에 뒷간을 둘 수밖에 없어 집에서 떨어진 곳에 자리했던 것이다. 뒷간을 지붕이나 옆을 터놓은 형태로 지은 것은 바람과 구더기를 끌어들여 잘 발효시키기 위해서였고, 나무판자를 올려놓고 대충 지은 것은 똥거름을 퍼내는 데 유리하도록 하기 위해서였다. 거름을 낼 때마다 뒷간을 허물 수는 없으므로 부러 성글게 지었던 것이다.[56]

임재해에 따르면 "한국의 옛 어른들은 자기 똥을 3년 안 먹으면 굶어

재가동하기」, 767쪽에서 인용.

56   임재해, 「한국 문화의 원형을 찾아서: 뒷간의 문화적 거리와 생태계 순환」, ≪한국논단≫, 제49권(1993), 189~190쪽.

죽는다"고 했다 한다. 자기가 눈 똥은 거름으로 논밭으로 스며들어 쌀과 밥이 되고 밥은 다시 똥이 된다. 그 때문에 '자기 똥을 안 먹는다'는 말은 자기 똥을 거름으로 주지 않는다는 말이며, 따라서 땅이 마르고 농사가 잘되지 않아 '굶어 죽게 된다'는 뜻을 지닌다. 이 말은 밥과 똥을 하나로 보는 세계관에서 나온 것으로, 밥이 똥이 되고 똥이 밥이 되는 순환을 함축하고 있다고 할 수 있다.[57] 제주도나 남원에서 나타나는 이층 형태의 뒷간은 위층에서 사람이 똥을 누면 밑에서 돼지가 똥을 받아먹는 식이다. 섭취한 음식물의 영양소는 30%만 몸으로 흡수되고 70%는 똥으로 배설되기 때문에 이러한 구조물은 곡식을 낭비 없이 활용하고 쓰레기가 나오지 않는 생활양식에서 비롯된 것이다.

'뒷간'이라는 말에서는 뒤를 돌아본다는 의미를 유추할 수 있다. 앞만 보고 사는 것이 아니라 때때로 뒤를 돌아보는 생활이 '뒷간'이라는 말에 함축되어 있다. 절간의 뒷간은 마음과 몸을 씻어내는 주문을 외우는 수행의 장소이기도 했다.[58] 동학사와 선암사의 뒷간에는 '해우소解憂所'라는 이름표가 붙여 있고 뒷간에 이르는 다리는 '해우교'라고 한다. 뒷간은 자신을 돌아보고 근심을 내려놓는 곳이며 마음을 비우는 곳이기도 하다. 똥(뒷간)과 수행, 똥과 마음이라는 절묘한 만남이 이루어지는 뒷간은 '삶의 현실'이 "일상성과 비일상성"으로 "중첩"되어 있음을 의미한다.[59] 여기에

---

57 같은 글, 186~188쪽.

58 정연학, 「뒷간, 그 서구문화의 확실한 식민지」, ≪실천민속학≫, 제3호(2001. 9), 162쪽.

59 '일상과 비일상의 중첩'이라는 말은 정진홍, 『M. 엘리아데: 종교와 신화』, 19쪽에서 가져왔다.

는 성과 속의 이분법으로 구성된 근대 문명의 논리가 아니라 똥과 수행, 즉 성과 속이 결합함으로써 성과 속을 함께 승화시키는 세계관이 깃들어 있으며, 가장 비천하게 여겨지는 것에서 승화昇華 또는 성화聖化를 보고 실행한다는 의미가 담겨 있다. 여기서도 똥은 성과 속을 동시에 담보하는 '사이' 존재in-between라는 뜻이 나타난다.

똥에서 성과 속을 동시에 보는 세계관에서는 똥은 순환하는 것이다. 이러한 세계에서 똥이 지닌 의미는 근대 주체가 물질 대 정신, 주체 대 객체의 대립과 환원으로 형성시킨 똥, 물질, 여성, 자연, 몸의 의미에 균열을 낸다. 똥은 밥일 수 있고, 물질은 정신일 수 있으며, 여성은 남성일 수 있고, 자연은 인간일 수 있다는 식으로 모든 똥의 가능성을 열어두는 것이다. 똥은 순환해 거름이 되고 밥이 되고 생명을 키우는 것으로 확장된다. 똥이 거름이 되는 것을 똥의 죽음으로 해석할 때조차도 똥의 죽음은 새로운 존재로의 변화, 즉 심화된 삶으로 이어져 죽음과 삶이 하나임을 드러낸다.[60] 똥은 안과 밖으로 순환하는 세계관이라고 할 수 있다. 이러한 세계관은 몸과 자연을 이원론적으로 분리하는 세계관, 즉 몸과 자연을 닫혀 있는 것으로 보는 세계관을 비판하고 넘어선다.

예수의 비유에서도 이러한 똥의 순환, 즉 똥의 확장성이 드러난다. 기존에는 성서의 열매 없는 무화과나무(누가복음 13장 6~9절)의 비유를 나무의 비유나 열매의 비유로 해석했으나, 조태연은 이를 '땅의 비유'로 읽는

---

[60]   권정생의 「강아지똥」에서 강아지똥이 민들레의 거름이 된다는 것은 종종 죽음으로 해석되기도 한다. 그러나 이러한 해석에서 죽음은 마지막이 아니라 존재가 거듭나기 위한 것, 즉 삶을 위한 것이다. 따라서 죽음은 새로운 변화, 곧 진정한 삶으로 해석되는 것이다.

다.[61] 예수의 이 비유에서 과수원지기는 과수원 주인에게 1년만 더 기다려달라고 청원하면서 그동안 거름을 주면 다음 철에 열매를 맺을지도 모르니 그때 가서 무화과나무를 찍어버리라는 대안을 내놓았다. 그러나 과수원 주인이 이 제안을 받아들였는지에 대해서는 침묵한다. 성서에서 이 비유는 과수원지기의 제안으로 끝나며 그 이후에 대해서는 언급하지 않는다. 조태연은 성서가 왜 침묵했는가라고 물은 뒤 사람들이 이 비유를 '나무나 열매에 관한 이야기'로 보기 때문이라고 답한다. 그는 하느님 나라는 그러한 "대책 없는 기다림"이 아니기 때문에 이 비유의 핵심은 '과수원 주인과 과수원지기의 대화' 및 '과수원지기의 말'에 있다고 본다. 예수의 시선도 예수의 하느님 나라도 바로 거기에 있다는 것이다. 한 해의 유예 기간을 달라고 청한 과수원지기의 새로운 제안은 이 이야기가 온전히 땅의 비유임을 보여준다는 것이다.

과수원지기의 비책은 나무의 둘레(땅)를 파고 거름을 주는 것으로 나타나기 때문이다(8~9절). 과수원지기는 땅의 고유한 힘(지력)을 회복해야 나무가 열매 맺을 것이라고 말한다. 조태연은 과수원 주인의 명령("땅만 버리게 하니 무화과나무를 찍어버려라")과 과수원지기의 새로운 제안이 모두 땅과 관계된다고 말한다. 따라서 그는 이 비유가 "무화과나무가 신의 축복과 평화(열매)를 가져올지 아니면 심판과 재앙을 가져올지는 '땅에 달려 있음'"을 보여준다고 말한다. 이 비유에서는 "예수의 시선도 하느님의 나라도 온전히 '땅'에 있다"는 것이다.[62]

---

61 조태연, 「새로운 비유풀이: 똥과 땅, 그리고 하나님의 나라 ― 열매 없는 무화과나무(눅 13:6~9)」, ≪세계의 신학≫, 제51호(2001), 72쪽.

앞서 언급한 것처럼 이 비유에서는 다른 비유들에서처럼 "땅이 독립변수"로 나타난다.[63] 그러나 조태연에 따르면 이 비유에서 나무가 열매를 맺는지 여부는 온전히 땅에 달려 있지만 '거름'을 주는 인간(과수원지기)의 역할 때문에 땅이 회복된다. 그리고 거름을 뜻하는 희랍어 '코프리아$_{κόπρια}$'는 '똥 더미'를 의미한다는 것이다. 조태연에 따르면 이 비유 이야기에서 인간의 역할은 적극적으로 나타나는데, 열매를 맺을 수 없을 정도로 황폐한 땅을 나무의 둘레를 파고 거름을 줌으로써 회복시키려 하고 있기 때문이다(8절).[64] 조태연은 이 비유 이야기에 대해 이렇게 말한다.

> 자연과 역행하는 그들의 문화로 말미암아 죽은 땅은 오직 인간과 육축의 똥 더미로써만 회복될 수 있다. (중략) 가장 무가치한 똥 더미와 잿더미가 가장 귀한 가치를 입는 것은 생태계 순환 고리 안에서다. 생명은 순환하되, 그 어느 하나도 손실되지 않고 하느님의 창조 세계를 이루어간다. 자연과 조화로운 문화란 이런 것이다. 땅의 회복을 위한 인간의 역할이란 이런 것이다. 그것은 땅으로부터 온 것을 고스란히 땅으로 되돌리는 일이다(누가복음 13장 8절). 그러므로 이 비유는 땅과 자연에 대한 인간의 더욱 적극적인 역할을 제시하는 셈이다. 이렇게 인간이 땅과 협력하고 문화가 자연

---

62 같은 글, 95쪽.

63 다른 비유란 조태연이 문학적 요소와 구성, 그리고 주제에서 통일성을 보인 '자연의 비유', 즉 열매 없는 무화과나무를 포함한 일곱 가지 비유(은밀하게 자라는 씨, 겨자씨, 씨 뿌리는 자, 곡식과 가라지, 밭에 감춘 보화, 포도원의 악한 농부들)를 말한다. 조태연, 「새로운 비유풀이: 땅과 인간 그리고 하늘나라 — 일곱 개의 '자연비유'와 이미지 네트워킹」, ≪세계의 신학≫, 제52호(2001), 54~58쪽.

64 같은 글, 83쪽.

을 거스르지 않을 때 하느님의 나라는 이 땅에 이루어진다.[65]

이러한 언급을 통해 파괴된 땅, 몸살을 앓고 있는 땅을 살리는 것은 '과수원지기의 똥에 대한 태도'에 달려 있음을 확인할 수 있다. 열매를 맺지 못한 무화과나무 비유에서 과수원지기는 똥의 확장을 의미하는 똥의 순환을 통해 자연(땅)과 문화(문명)가 회복될 수 있다고 본 것이다. 가장 미천한 것에서 가장 귀한 것을 보는 태도와 생활의 방식이 인간과 자연이 공존하는 하느님 나라를 이 땅에 불러오는 것이다.

•• 성육신한 몸이 말하는 똥의 의미

근대의 주체를 형성하는 논리는 위계를 통해 성립하고 이러한 위계는 끊임없는 경계 짓기를 통해 단단해진다. 그러므로 경계선에 있는 것, 특이성을 지닌 것, 즉 주체/객체, 정신/몸, 여성/남성의 분리를 거부하는 것은 폐기되어야 할 것과 동의어가 된다. 이러한 현상은 근대 이후 자본주의 체제의 독주하에서도 계속되고 있다. 자본주의의 이익과 가치에 부합되지 못한 몸, 자본주의의 성공 수단이 되지 못한 몸은 소외당하고 폐기 당한다. 헬스나 성형을 통해 가꾸지 않거나 건강식으로 관리받지 못한 몸에 대한 인식은 일상에서, 그리고 상업 자본의 바퀴를 돌리는 소비 주체들의 시선에서 잘 드러난다. 몸은 자본주의적 주체를 형성하는 수단으로서만

---

65   같은 글, 84쪽.

용인되고 찬사를 받으며 수단조차 되지 못한 몸은 억압되는 것이다. 근대 및 이러한 근대의 논리를 모양새만 달리하며 답습하는 현대에 이르기까지 똥과 뚱으로 치부되는 것은 경계선상에 있는 것, 폐기되어야 하는 것, 더러운 것, 그러므로 경계 안으로 복속시켜야 하는 것, 관리되지 않으면 위협적인 것으로 간주되었다.

과수원지기는 이러한 근대의 주체 형성 논리를 체화한 자가 아니라 거부하는 자이며 똥의 확장성, 즉 똥이 밥이 된다는 사실을 알고 행하는 자라고 할 수 있다. 그를 통해 인간과 자연이 소통하고 공생하는 하느님 나라가 도래한다는 것을 예수의 '열매 맺지 못한 무화과나무'의 비유는 말하고 있다.

예수의 성육신 이야기에서는 이러한 똥의 특이성(경계성)이야말로 똥의 확장성임이 확연하게 드러난다. 근대의 주체를 형성하는 논리로 몸을 경험한다는 것은 정신/몸, 남성/여성, 인간/자연으로 분리된 위계 체계에서 맨 밑바닥의 수동적인 것이므로 주체를 통해서만 의미가 부여된다는 것을 의미한다. 다시 말하면 그 어떤 것으로 확장될 수 없는 닫힌 몸, 마침내 폐기되어야 할 똥이다. 더럽고 오염된 비천한 몸일 뿐인 것이다.

그러나 요한복음(1장 14절)은 "말씀이 육신이 되어 우리 가운데 사셨다. 우리는 그 영광을 보았다. 그 영광은 아버지께서 주신 독생자의 영광이며, 그 안에 은혜와 진리가 충만하더라"라고 말한다. 예수의 몸이 말씀이며 그 몸이 우리 가운데 있다는 것이다. 몸은 말씀과 분리되지 않은 채 있다. 예수의 몸은 곧 말씀이기 때문에 여기서의 몸은 확장된 몸이자 끊임없이 변화할 수 있는 몸을 의미한다. 이처럼 '성육신한 몸'의 확장은[66] 근대 들어 경계 긋기를 통해 다른 주체를 파괴·흡수함으로써 자아를 확립하고 견고하게 하는 의미의 확장을 거부한다. 예수의 삶, 곧 예수의 몸이 보여주듯 성육신한 몸의 확장이란 끝없이 타자의 살과 접촉함으로써 말씀을 확장하는 것이기 때문이다. 예를 들면, 구미정은 마가복음 5장에 나오는 혈루병에 걸린 여인과 예수의 만남에 대해 이렇게 말한다.

> 이 여인의 적극적인 행동은 예수로 하여금 남성으로서는 이해할 수 없는 여성의 경험에 깊이 공감하도록 이끌었을 것이다. 이 여인과의 만남은 1세기 유대 남성으로서의 자기 한계를 넘어서게 하는 자극제요, 촉매가 되었을 것이다.[67]

이러한 구미정의 해석은 같은 맥락에서 차이를 두고 다시 해석할 수 있다. 즉, 예수의 성육신한 몸은 영(말씀)과 육의 분리를 해체한 몸이기 때문에 몸을 밖으로 열어 혈루병 걸린 여인과 접촉하는 것은 영혼의 접촉을 의미하며, 이는 서로(예수와 여인)의 불가분리적인 몸과 영혼(말씀)이 확장되는 것을 의미한다고 보는 것이다. 성육신한 몸을 밖으로 열어 혈루병 걸린 여인과 접촉함과 동시에 예수의 남성적 자아가 해체되는 것은 말씀의 확장과 다름없다. 이처럼 타자와의 접촉을 향해 몸을 밖으로 여는 것, 즉 몸의 확장은 영혼의 확장이며 이는 영과 육의 불가분리적인 말씀의 확

66　성육신은 '하느님이 몸이 되었다', '말씀이 육신이 되었다'라는 의미이므로 이미 몸이라는 뜻을 품고 있지만, 영과 육의 이원론을 해체한 예수의 몸이 곧 예수라는 의미에서의 몸을 강조하기 위해 '성육신한 몸'이라는 표현을 사용했다.

67　구미정, 「'한' 글자로 신학하기(6): 몸의 신학」, ≪기독교사상≫, 제57호(2006. 6), 196쪽.

장과 다름없다고 보는 것이다. 몸을 열어 밖으로 타자와 접촉하고 말씀을 확장한 것은 예수뿐만이 아니다. 혈루병 걸린 여인도 밖을 향해 몸을 열고 예수라는 타자와의 접촉을 통해 말씀을 실현하고 확장한 것이다.

장 뤽 낭시Jean Luc Nancy는 영육이원론을 해체하는 이러한 몸에 대해 다음과 같이 말한다.

> 몸은 세계의 말단부까지 그리고 자아의 끝까지 도달하는 영혼의 신장, 몸과 서로 얽히어 비분별적 방식으로 분별되는 가운데 끊어질 듯 긴장하며 펼쳐지는 영혼의 확장이다.[68]

> 우리가 이해해야 할 점은 모든 종류의 위계화, 평가의 제스처(그와 같은 거대한 전통이 몸의 종속, 몸의 굴종, 심지어 몸의 비천성을 끌어냈지요) 바깥에 그 모든 가치 찬탈의 징표들 너머로 있는 그대로의 몸, 즉 '자기를 느끼는 것'으로서의 몸 안에 실은 바깥으로 향하는 구조가 존재한다는 사실입니다. 그렇기에 우리는 몸에 대해 말하면서 어떤 타자를 대하듯 어떤 무한히 타자인 타자, 무한히 바깥인 타자를 대하듯 말할 수밖에 없는 것입니다. 바꿔 말하면 몸을 거부하거나 배척해서도 안 되겠지만 그것을 영혼의 자격으로 소생시키거나 재병합해서도 안 된다는 것입니다.[69]

낭시가 말하는 몸은 이원론에 의해 종속되고 비천하게 여겨지는 몸이

---

68 장 뤽 낭시, 『코르푸스』, 김예령 옮김(문학과지성사, 2012), 162쪽.
69 같은 책, 145쪽.

아니라 무한히 확장되고 열려 있는 몸이며, 이 몸은 영혼과 불가분리적이고 몸의 느낌(감각)이 곧 영혼이기 때문에 영혼이라고 자처하는 것들에 의해 좌우될 수 없는 몸이다. 이러한 점에서 낭시가 말하는 몸은 성육신 이야기에서 말하는 몸에 가깝다. 그는 '이 몸 안에 사실은 바깥으로 향하는 구조'가 존재한다고 말하고 있다. 이 몸은 갇힌 것이 아니라 무한히 밖을 향해 접촉하는 몸이자 영혼이기 때문에 근대의 주체를 형성하는 논리에 따라 영혼과 대립하며 폐기해야 할 더럽고 비천한 몸이 아니다. 이러한 몸에 대한 사고는 근대의 이원론에서 똥으로 치부되는 것과 똥을 폐기해야 할 대상으로 보는 세계가 아닌, 똥이 밥이 되고 생명이 된다고 보며 똥의 순환, 즉 똥의 가능성을 보는 세계와 상통한다. 똥(자연이자 객체화되어 야만시되는 모든 것)이 순환하는 세계의 몸은 성육신의 몸이 신성, 즉 무한을 향해 열려 있듯이 존재의 이행에 대해 열려 있다.

엘마 클링거Elmar Klinger는 "하느님과 사람 사이의 유일한 중재자"라는 예수의 특이성을 근거로 그리스도교는 존재한다고 말한다.[70] 그에 따르면 "성서 자체도 그리스도 일원론과 투쟁하고 있다".[71] 마태복음 16장 13~20절에서 예수는 제자들에게 "너희는 나를 누구라고 하느냐"라는 질문을 던진다. 이 질문에 베드로는 "선생님은 살아 계신 하느님의 아들 그리스도십니다"라고 대답한다. 클링거는 예수가 베드로의 이 대답을 기뻐하는 대신 언짢아했다고 본다. 예수는 20절에서 제자들에게 침묵할 것을 요구하

70 　엘마 클링거, 「예수의 특이성: 정당한 혼합주의는 존재하는가」, 서명옥 옮김, ≪신학전망≫, 제166호(2009년 여름), 60~61쪽.

71 　같은 글, 71쪽.

고 '그리스도'라는 말의 사용을 금지하고 있기 때문이다. 클링거는 이러한 질문 다음에 마가복음 10장 33절에서 예수가 사람의 아들인 자신이 누구인지를 제자들에게 설명한다고 본다. 예수는 자신이 율법학자와 대제사장들에게 넘겨져 죽임을 당하고 사흘 만에 살아날 것이라고 말하는 것이다. 또한 베드로가 예수가 가는 길을 막으려 하자 베드로를 사탄이라고 부르고 마침내 사람의 아들은 이 길을 갔다는 것이다.

클링거는 성서의 이러한 내용이 예수가 제자들에게 사람의 아들이 누구인지 설명하는 것이자 예수 자신은 사람 가운데 있는 사람, 사람의 길을 가는 사람임을 말하는 것이라고 본다. 예수의 말은 자신의 길이 사람의 길임을 묘사한다는 것이다. 따라서 클링거는 예수는 "다른 사람들 가운데 하나이며 그들에게 속해 있으며" 또한 예수에게는 "형제자매들이 있고 어머니가 있다"라고 말한다. 이런 까닭에 클링거는 예수를 "관계적이고 다원적인 형태"라고 말한다.[72] 사람의 아들 예수는 다른 존재의 특이성을 부인하지 않으며 "다른 존재의 특이성을 전제하고 그것을 위해 모범적으로 존재"하며 결국 "예수 스스로 다원성을 구현"한다는 것이다.[73] 그는 이렇게 말한다.

> 그리스도교는 혼합주의 안에서 다른 종교들에 의해서만 도전받는 것이 아니라 무엇보다도 그리스도 자신에 의해 도전받는다. 왜냐하면 그의 특이성 그 자체가 인간과 종교들의 새로운 일치를 위한 초석이 되는 다원성에

---

72   같은 글, 73쪽.
73   같은 글, 62쪽.

대한 자각을 요구하기 때문이다.[74]

하느님과 사람의 중개자이자 구원자라는 예수의 특이성의 본질은 사람의 아들로서 다른 모든 사람과 관계를 가지고 살아간 예수를 통해서만 설명된다는 것이다. 따라서 사람의 아들로서 예수가 지닌 특이성은 다원성이며 이 다원성이 관계와의 일치를 모색하는 방향으로 이끈다고 보는 것이다.

낭시의 몸에 대한 성찰을 통해 본다면, 예수의 몸이 지닌 특이성은 몸이 바깥을 향해 무한히 열려 있음을 통해 무한, 즉 신성(말씀)을 실현한다. 클링거에 따르면 신과 인간의 사이 존재인 예수의 특이성은 사람의 아들로서 사람 가운데 사는 사람, 사람의 길을 가는 사람으로 나타나기 때문에 관계적이고 다원적이다. 그러나 신과 인간 사이에서 영혼과 몸의 이원론을 해체하며 경계선상에 있는 이러한 성육신한 몸의 특이성은 근대 문명과 현대의 자본주의 논리에서 보면 비정상적이며 예외적인 것으로, 타락이자 똥이다. 이 몸은 근대가 억압하고 가두는 몸과 대립하는 몸인 것이다.

•• 똥을 통해 본 성육신 구원의 의미

성육신 이야기는 근대에서 현대로 이어지는 논리와 시선에 의해 규정된

---

[74] 같은 글, 80쪽.

특이성의 몸, 곧 비천하고 비정상적인 몸을 통해 관계적이고 위계 없는 세계가 열린다는 것을 의미한다. 성육신한 몸은 근·현대 문명의 몸과 객체화되고 야만시되는 똥에 대한 부정성을 거부한다. 성육신한 몸의 세계에서 똥은 확장되어 밥이 되고 생명이 된다. 따라서 '성육신한 몸들의 공동체'는 주객 분리에 따른 어떠한 동질성도 거부하고 의심한다. 예수의 몸이 지닌 특이성은 몸의 확장이 영혼의 확장이며 몸이 말씀이라는 것을 가리킨다. 타자와의 끝없는 접촉을 통해 자아를 부수고 자아를 무화시킴으로써 역설적으로 무한히 열린 자아를 향해 가고, 이를 통해 무한성, 즉 하느님에게 가 닿는 것이다. 몸이 밖을 향함으로써 이루어지는 수많은 접촉을 통해 무한(신성)을 경험한다. 그러므로 예수의 몸을 체현하는 성육신 공동체는 주객 이원론을 통해 형성한 동일성으로 타자를 배제하는 배타적 공동체와는 다르다. 영과 육의 이원론을 해체하는 예수의 몸이 지닌 특이성은 밖을 향해 타자와 접촉함으로써 갇힌 자아, 폐쇄적 자아를 부수는 동시에 무한을 향해 열리고 하느님과 만나기 때문이다.

그러므로 성육신한 몸들의 공동체에 참여하는 기독교인들은 인간이 형성한 동일성을 의심하며 배타적 공동체를 거부할 수밖에 없다. 세상에서 말하는 동일성의 논리란 끊임없이 타자를 배출하는 것이기 때문이다. 예수의 몸이 살아가면서 실현한 것은 동일성이 아니라 몸을 열어 밖으로 향함으로써 타자들의 몸과 접촉하고 타자들과 몸의 느낌을 공유하는 것이기 때문이다. 여기서 몸의 접촉을 공유하는 것(서로 느끼는 것)은 영혼의 공유이기도 하다.

예수의 몸이 말씀이라는 것은 어떤 이원론, 어떤 분리도 거부한다는 의미다. 따라서 몸은 영혼과 분리될 수 없으며 어떤 것도 타자화될 수 없다.

성육신한 몸들의 공동체는 성육신한 예수의 몸으로 사는 공동체다. 이러한 공동체는 예수의 몸이 그러했던 것처럼 타자와의 접촉을 끊임없이 실행해감으로써 무한한 열림, 열려 있는 무한으로서 하느님의 몸(영혼)과 접촉하고 공유한다. 성육신한 몸은 몸을 밖으로 열어 끊임없이 타자의 몸과 접촉하고 몸의 느낌, 영혼의 느낌을 공유함으로써 무한한 말씀을 실현하는 것이다. 그러므로 성육신적 공동체는 예수의 몸과 예수의 삶을 지향하기에, 동일성의 원리에 따라 형성되는 공동체처럼 경계 긋기를 통해 타자를 구성하거나 자아의 동일성에 의해 타자를 나로 환원하는 폭력은 행할 수 없다. 성육신한 예수의 몸은 밖을 향해 접촉하는 타자와의 공동 관계에서만 폐쇄된 자아를 부수고 무한과 접촉할 수 있기 때문이다. 또한 성육신적 공동체에서는 서로 몸을 열고 접촉을 통해 서로의 폐쇄된 자아를 열어 무한을 향해가는 과정에서 하느님을 만나기 때문이며, 나와 타자 그 모든 것은 유한한 것으로서 무한의 기미機微이거나 무한의 한 자락이기 때문이다.

성육신한 몸들의 공동체라는 말은 예수의 몸에 참여함, 예수의 몸의 특이성(경계성)과 관계성에 참여함을 의미한다. 인간과 신 사이의 존재, 말씀과 육신이라는 모순 대립을 한 몸에 지닌 예수의 몸은 근대의 시각에 따르면 보여지기만 할 뿐인 객체화된 대상, 즉 똥이다. 따라서 예수의 몸을 체현하려는 공동체는 근대 형성의 논리가 만연한 이 세상에서 예외적이며 비정상적인 똥들의 공동체일 수밖에 없다. 또한 예수의 몸들의 공동체는 경계선상에 있기 때문에 몸을 밖으로 열고 타자와 부단히 접촉함으로써 '자아를 해체해가고' 그럼으로써 무한과 접촉한다. 그 때문에 배타적인 태도로 '자아 동일성을 확립하는 공동체'와는 대립할 수밖에 없다. 이원론적 분리를 통해 실현한 동일성을 기반으로 하는 공동체에서의 거듭남, 곧 구원은 공동체가 기반으로 하는 이데올로기에 길들여지는 것과 다름없다. 이는 자신들이 배타적으로 형성한 동일성의 가치를 절대화한다는 점에서 우상숭배라고 할 수 있다. 이러한 구원은 '그들만의 구원'을 상정하고 구원을 서열화한다. 구원을 미리 상정함으로써 구원을 미리 완성하기 때문에 구원을 향한 역동적인 실천적 행위도 없다. 그러므로 성육신한 몸들의 공동체가 밖으로 몸을 열어 타자와 함께 몸(영혼)을 서로 느낌으로써 서로 끊임없이 자기를 갱신하며 '함께 이루어가는 구원'과는 다르다.

신영복은 서구의 근대와 자본주의는 자기증식의 원리인 존재론의 논리를 바탕으로 유지되며 "지배, 흡수, 합병이라는 동(同)의 논리"이기 때문에 "종교와 언어까지도 동일할 것을 요구"한다고 말한다.[75] 이는 서양 기독교 문명에 대한 비판이자 배타적인 기독교 공동체에 대한 비판이라고 할 수 있다. 앞에서 성찰한 바와 같이 정복과 계몽주의, 19세기 식민화 정책의 전략인 오리엔탈리즘을 통해 본 서양의 기독교 문명과 서양의 근대를 모방·이식한 동양의 근대 또한 존재론의 논리를 바탕으로 한다고 할 수 있다.

기독교 공동체의 배타성은 존재론의 논리로 인해 나타났으며 기독교가 근대와 자본주의 문명을 추동하는 힘을 제공했음을 부인할 수는 없다. 그러나 성육신한 예수의 몸은, 즉 특이성(경계성)을 지닌 예수의 몸이 보여준 지상에서의 삶은 끝없이 몸을 열어 타자와 접촉하고 자아를 무화시켜 무한과 접촉했다. 예수의 몸은 이 세상의 모든 존재와 관계에 열려 있

---

75   신영복, 『강의』, 163~164쪽.

어 몸 밖의 모든 것을 자아로 환원해 확립하는 것을 거부했으며, 오히려 모든 것과의 접촉은 자아의 부정(무화) 및 무한한 하느님과 만나는 것으로 이어졌다. 따라서 예수의 몸은 존재론을 거부한다. 만약 예수의 몸이 보여준 존재론의 논리가 있다면 동일성 논리를 통해 삶을 위계화하는 이 세상에 끝없이 저항하다가 이 세상의 똥으로 처참하게 버려질 때 예수의 몸이 신 앞에서 했던 자기 질문이다. 이러한 존재론이야말로 근대가 신을 폐기하고 확립한 도구적 이성에 도취된 세상에 필요한 존재론이며 존재 질문이다. 신적 존재를 포함한 모든 존재 앞에서의 자기 질문이야말로 인간을 자신과 세상에 대해 성찰하고 이해하도록 이끈다. 이러한 존재론은 상생의 관계를 회복하기 위해 보완해야 할 존재론이다.

현재의 기독교 공동체는 인간과 자연에 열려 있던 예수의 성육신한 몸을 체현함으로써만 타자를 억압하고 지배하는 것으로부터 자신들을 돌이킬 수 있다. 또한 성육신의 공동체는 성육신한 몸들이라는 동일성을 먼저 전제하고 형성되는 것이 아니라, 몸을 열어 타자와 접촉하면서 몸(영혼)의 느낌을 서로 공유하고 서로 자신을 갱신해가는 도정에서, 예수의 몸을 체현해가는 길에서 만나는 벗들이다. 따라서 이 벗들은 규정될 수도, 제한될 수도 없다. 이것이 성육신한 예수의 몸이 현재의 기독교 공동체에 주는 구원의 의미라고 본다. 즉, 동일성의 원리나 이원론의 원리로 인간과 자연을 지배·흡수할 대상 또는 버려야 할 대상으로 보는 배타적 공동체는 예수의 몸의 공동체가 아니라 이와 대립하는 공동체다.

예수의 몸을 체현하는 성육신의 공동체에서 나타나는 몸들의 '자아를 무화해가는 과정'은 이 세상에서 자아 없는 삶을 살아야 함으로써 자아도취에서 벗어나 있는 버려진 똥들, 쓰레기와 바보들의 특징과 긴밀하게 연결된다. 또한 스스로 자아 허물기를 실행함으로써 강요에 의한 자아부정의 삶은 폭력임을 폭로한다. 성육신의 공동체에서 똥들은 무한의 한 자락이다. 버려지는 똥은 없으며, 똥은 재생되고 확장된다. 똥은 밖의 바람과 햇빛, 벌레, 하늘, 먼지와 서로 접촉해 무화되지만 무화됨과 동시에 거름이 되고 나무와 쌀과 밥이 된다. 그러므로 성육신한 몸들의 공동체는 동일성을 바탕으로 자아를 확립하고 이원론에 따라 똥을 폐기물화하는 배타적인 공동체를 비판하고 이런 공동체와 불화할 수밖에 없다.

똥을 폐기물화하는 행위나 혐오하는 태도, 즉 인간이 자연을 대하는 태도는 인간이 인간을 향한 억압과 긴밀하게 연결되어 있으며 이는 동서양의 근대를 통해 첨예화되었다. 성육신한 예수의 몸을 살리는 공동체가 갖는 의미는 이러한 근대와 근대 이후의 논리에 대한 저항이다. 성육신 이야기가 말하는 구원의 의미는 몸을 열어 타자를 접촉함으로써 자아를 무화시키고 끊임없이 자신의 몸(영혼)을 갱신해가는 데 있다. 그러므로 예수의 몸들의 공동체에서는 객체화된 타자들, 폐기된 똥(자연)과 똥으로 치부되는 인간이 있을 수 없다. 이러한 세계에서 똥들은 버려져 갇혀 있지 않고 열려 밥이 되며 생명을 이룬다.

권정생의 『랑랑별 때때롱』 이야기에서 효율성만을 중시하는 500년 전의 랑랑별이 인간과 인간의 몸의 접촉이 제거된 세계로 그려짐과 동시에 자연에 대한 인간의 태도를 의미하는 똥을 폐기물화하는 세계로 그려지는 이유가 여기에 있다. 인간과 인간의 관계는 인간과 자연의 관계와 긴밀하게 결합되어 있다. 따라서 똥의 확장이자 가능성이라고 할 수 있는 똥의 순환을 이야기하는 것은 이 세계에서 구획되고 위계화된 인간과 인간, 인간과 자연의 관계를 전복하고 새로운 관계를 향해 나아가자고 이야기하는 것이기도 하다. 또한 서로 접촉하면서 존재의 변화에 열려 있는 이러한 똥이 순환하는 세계에 대한 이야기는 성육신한 몸들이 열어가는 세계에 대한 이야기이기도 하다.

똥 속의 하늘, 나와 세상을 향한 숱한 질문

현재 기독교는 구원론을 추상적인 '정식화로만' 말하는 경향이 있다. 추상화는 인간이 경험하는 다양하고 복잡한 실재를 단순화해 더욱 쉽게 전달하는 도구이기도 하고 타 종교와 구별되는 동질성을 확보하는 도구이기도 하기 때문에 불가피한 수단이다. 그러나 추상화는 공통된 하나의 개념을 추출하기 때문에 다양성을 억압하는 것으로 이어질 수 있다. 이러한 위험은 현재 자본주의의 추상화된 사회에서 확연하게 드러나고 있다. 인간의 정체성은 수많은 요소로 구성되어 있고 유동적인데도 자본주의 분류 체계는 비정규직, 여성, 흑인, 가난한 자의 정체성을 단일하면서도 고정적인 형태로 환원하고 있다. 이렇듯 추상화는 양가성을 지닌다고 할 수 있다. 이러한 추상의 양가성을 직시하지 못하고 구원론을 추상적 정식화로만 말하기 때문에 현실의 삶은 구원론으로부터 소외되고 있다.

구원론을 정식화로만 말하는 것에 그칠 때 추상적인 구원론의 어휘들은 다양한 문맥으로 이루어진 구체적인 이야기와 사건에서 의미를 생산하지 못하고 표류한다. 그 때문에 구원론은 정식화(추상화)와 '동시에' 인간 삶을 이루는 이야기와 사건에서 구원의 의미를 묻는 방식으로 말해야한다. 이러한 질문이 생략될 때 죄, 믿음, 회개라는 구원론의 언어는 삶의맥락과 연결고리를 잃게 되고, 삶의 태도와 현실을 바꾸는 힘이 아닌 공허한 구호로 쉬이 전락한다. 집단과 개인의 탐욕과 폭력, 사회적 책임 회피를 정당화하고 합리화하는 수단이 되고 마는 것이다.

구원론을 정식화함과 동시에 그 정식이 삶에서 무슨 의미인가를 되묻기 위해서는 먼저 인간의 삶이 어떻게 변화하고 있으며 그 삶의 이야기와사건은 어떠한 모습인지에 대한 통찰이 선행되어야 한다. 이렇듯 구원론과 단절된 인간 삶을 연결시키기 위해 필요한 인간의 사건과 이야기를 이해하기 위해서는 인간 상황을 추상적인 언어가 아닌 구체적인 언어로 드러내는 문학과 대화할 필요가 있다.

특히 문학 중에서도 권정생의 똥 이야기에 주목한 것은 똥이야말로 인간의 현실을 추상화하거나 이상화하지 않는 키워드라고 생각했기 때문이다. 똥과 똥오줌으로 상징되는 것들의 타자성은 확실히 존재하면서도 의식의 저편으로 망각되는 것이다. "현대의 세계는 이러한 똥들을 부정하는키치kitsch적인 세계"인 것이다.[1] 똥오줌이 인간의 조건이며 똥오줌으로 상징되는 것이 확실히 존재한다는 사실에서부터 통찰을 시작할 때 인간과

---

1   밀란 쿤데라, 『참을 수 없는 존재의 가벼움』, 이재룡 옮김(민음사, 1999), 285쪽. 김동윤에 따르면, 쿤데라가 말하는 키치적인 세계는 "인류가 지향하는 이른바 이상적·절대적 가치를 무조건 따르는 세계"이며 "모순, 갈등, 상대성이 없는" 세계다.즉, 더럽고 추한 것이 배제되는 "순수하고 의심 없는 단일성의 세계"로서 마치 "똥이 존재하지 않는 것처럼 행동하는" 세계다. 김동윤, 「키취의 무거움과 존재의 가벼움」, ≪작가세계≫, 제16호(1993. 2), 402쪽.

세계의 이해는 추상적이지 않을 수 있다. 권정생은 인간의 삶을 통해 신을 만나고 신을 보려 했던 사람이다. 그의 작품 곳곳에 출몰하는 똥 이야기는 구체적인 인간 현실을 드러내는 극명한 상징으로, 이 책에서 문제로 삼은 구원론을 말하는 방식의 추상성으로 인해 지워지고 만 인간 삶의 이야기를 드러내는 데 유효할 것이라고 보았다. 또한 권정생의 똥 이야기가 분석심리학, 신화, 생태 등의 분야에서 등장하는 똥 이야기와 연결되는 지점에서 똥의 의미를 성찰함으로써 신학이 다층적인 삶의 물음에 어떻게 응답할 수 있는지를 모색하려 했다.

먼저 분석심리학 측면에서는, 분석심리학은 인간의 정신뿐 아니라 역사와 사회에 대한 성찰이기 때문에 권정생의 「강아지똥」 이야기와 융의 어린 시절 똥 이야기가 만나는 지점을 통해 기독교 역사에서 드러나는 구원의 의미는 무엇인지 살펴보려 했다. 「강아지똥」 이야기와 융이 체험한 똥 이야기를 자기 내부의 그림자를 회피하지 않고 직시함으로써 진정한 자기, 즉 구원에 이른 이야기라고 본 것이다. 이들 이야기는 마녀사냥이라는 역사적 사건을 통해 지배질서를 유지하기 위해 내부의 그림자를 밖으로 투사해온 기독교의 모습을 드러낸다. 따라서 기독교는 과거의 어둠 속으로 들어가 고통을 감내함으로써만 구원될 수 있다. 고통을 감내한다는 것은 과거와 연결된 현재에서 지배 체제와 영합하고 타자를 억압하는 태도를 돌이킴으로써 과거와 다른 새로운 기억을 형성한다는 것을 의미한다.

신화 측면에서는 권정생의 『밥데기 죽데기』 이야기와 한국의 마고할미 이야기, 김진숙의 이야기를 살펴봄으로써 이들 이야기가 똥 이야기를 통해 만물을 결합시키고 창조하며 생산하는 소피아의 에너지에 대해 말하고 있다고 보았다. 소피아 에너지가 보여주는 증여 원리는 인간과 인간, 인간과 자연의 분리를 통해 작동하는 자본주의 체제와 대립한다. 그러나 인간세계는 소피아의 에너지 대신 화폐를 개입시킴으로써 소피아의 사랑으로부터 멀어지고 있다. 사랑과 애정으로 만물을 결합시키는 소피아의 에너지는 지금도 인간과 세상을 향해 흐르고 있지만 인간의 탐욕으로 소피아 에너지의 흐름이 단절되고 있는 것이다. 이렇게 된 데에는 인간과 기독교에 책임이 있다. 따라서 구원은 일상의 깊은 곳까지 포획하고 있는 자본주의에 균열을 내는 행위, 즉 바로 일상에서 자본주의에 침윤되지 않는 새로운 관계를 창조하는 데 있다.

생태 측면에서는 권정생의 『랑랑별 때때롱』 이야기가 뒷간 철학을 통해 인간과 인간, 인간과 자연의 관계가 파괴된 문명을 비판하고 있는 것으로 분석했다. 권정생의 이야기에서 나타나는 문명화된 세계의 똥오줌에 대한 인간의 태도는, 인간의 사회적 관계 및 인간과 자연의 관계와 긴밀한 연관되어 있다. 똥을 혐오하고 폐기물화하는 태도는 근대를 통해 첨예화되었으며, 이는 문명과 야만을 나누는 이원론적인 근대 주체 형성 논리와 맞닿아 있다. 그러나 하느님과 인간 사이에 있으며 말씀과 분리되지 않은 몸이라는 특이성을 지닌 성육신한 예수의 몸은 경계선상에 있고 확장 가능성, 즉 존재 변화의 탁월한 가능성을 지니고 있기 때문에 근대의 논리에서 배제된 똥들과 긴밀하게 연대한다. 그러므로 예수의 몸을 체현한 세계는 똥이 순환(확장)하는 세계라 할 수 있다. 이러한 예수의 몸을 체현하는 공동체는 주객 이원론에 따른 동일성을 지반으로 형성되어 끊임없이 타자를 구성하는 공동체와 대립한다. 성육신한 몸들의 공동체에서 구원은 몸을 열어 타자와 접촉해 끊임없이 자아를 무화시킴으로써 무한한 하느님과 접촉하는 과정을 의미한다. 따라서 동일성을 기반으로 경계를 그음으로써 타자를 규정함과 동시에 자신들 스스로를 가두는 공동체에서 말하는 구원과는 거리가 있다. 자신과 타자를 동시에 가둠으로써 이루어지는 구원은 세상의 프레임에는 참여하지만 프레임을 넘어서 존재하는 무한한 하느님에 대한 위반이기 때문이다. 그러므로 배타적 공동체에서 말하는 삶의 방향의 변화, 즉 구원은 폭력적으로 전유한 동일성의 가치에 함몰되는 것으로, 길들여지는 것과 다름없다. 자신들만의 기준, 즉 자신들이 만든 세상의 동일성을 절대 중심으로 삼는 우상숭배인 것이다.

삶에서 구원론의 의미가 퇴색하는 데에는 여러 가지 이유가 있지만 나는 이 책에서 그 이유 중 하나가 구원론을 말하는 방식에 있다고 분석했다. 구원론의 정식화는 불가피하다. 그러나 정식화와 더불어 그 정식이 구체적인 삶의 이야기와 사건에서 어떤 의미인가라는 질문을 치열하게 하지 않기 때문에 삶의 방향과 태도를 변화시키는 동력이 되지 못한다고 본 것이다. 따라서 똥을 누는 것이야말로 가장 구체적인 인간의 행위이자 조건이라고 보고 이러한 구체적인 현상이 이 세계의 역사와 사회에서 일어나는 사건과 이야기에서 어떤 의미이며 신학은 이에 어떻게 응답할 수 있는지를 성찰하려 했다. 무엇보다도 똥을 더러움과 불결함의 상징으로 만들고 똥을 혐오하는 인간의 태도는 인간이 인간을 향한 태도 및 인간이 자연을 향한 태도와 긴밀하게 얽혀 있음을, 즉 이데올로기에 의해 주조된 관계의 왜곡과 폭력임을 드러내고 싶었다.

그러나 글을 시작할 때 가진 의도와 패기는 글을 쓰는 과정에서 나의 한계와 모순을 확인하는 것으로 바뀌었다. 권정생의 똥 이야기들과 각 분야에서 나타나는 똥 이야기 간의 연관 고리를 좀 더 예민하게 포착하고 분석하지 못했다. 똥 이야기들이 역사적 현실의 구체적인 사건에 접합되면서 드러나는 구원의 의미를 좀 더 구체적인 언어로 서술하지 못함으로써 또다시 추상성에 함몰되는 모순을 안게 된 것이다. 예를 들면, 생태 측면에서 예수의 몸을 체현하는 공동체의 구원과 배타적 공동체에서 말하는 구원이 다르다고 보았다. 배타적 공동체에서 말하는 구원이란 공동체의 성원들이 절대 중심으로 삼는 동일성의 가치에 길들여지는 것과 다름없다고 본 것이다. 그러나 이러한 결론은 배타적 공동체가 형성하는 구체적인 사건이나 이야기에서 공동체 성원들의 행위와 태도를 구원론의 정식과 결부시켜 묻고 성찰한 후에 내리는 것이 옳다. 이러한 방식으로 분석해야만 현실의 이야기와 사건에서 구원론의 정식이 지닌 의미를 물어야 한다고 했던 이 책의 문제 제기에 좀 더 부합하기 때문이다. 이는 나의 앎의 한계로 인한 것이다. 더불어 혹시 배타적 기독교 공동체의 입장과 태도는 늘 그러하다는 전제를 갖고 있었기 때문에 앎의 한계를 넘어서는 데 태만했던 것은 아닌가 하는 의문이 든다. 스스로를 향한 이러한 의문은 앞으로의 연구를 향한 반성의 계기로 삼고 싶다.

또 한 가지 아쉬움으로 남는 것은 권정생의 작품 곳곳에서 나타나는 똥들의 웃음을 성찰하지 못한 것이다. 권정생의 이야기에 나타나는 똥들의 웃음은 이 시대의 똥들이 삶의 비극성을 넘어서기 위해 생존 방식의 하나로 짓는 웃음과 이어져 있다. 이러한 똥들의 웃음은 예수의 웃음을 느끼고 상상할 수 있는 공동체를 이뤄가는 데 중요한 의미를 준다. 이는 앞으로 공부하며 즐겁게 성찰하고 싶은 주제이자 과제다.

권정생의 삶과 글을 만나면서 참으로 부끄러웠다. 나의 사고와 생활 방식을 치욕으로 여기게 만드는 권정생이라는 과격한 텍스트를 벗어나기 위해 때때로 글쓰기를 그만두고 싶기까지 했다. 그러나 독자로서 내가 갖는 한 줌의 부끄러움조차 권정생이라는 텍스트의 의미를 생산하는 데 참여하는 일이라고 스스로 위로했다. 텍스트에 대한 오늘의 대답은 부끄러움이지만 변화하는 시간과 기억을 통해 대답은 또다시 바뀔 수 있다는 기대를 하며 여기까지 온 셈이다.

권정생의 똥 이야기를 다른 분야의 똥 이야기와 연결시켜 성찰한 자료 및 똥 이야기를 통해 신학적 의미를 살핀 자료가 부족해 글을 쓰는 과정에서 어려움이 많았으며, 미흡한 채로 글을 마무리하게 되었다. 그러나 이 책을 쓰는 과정과 결론에서 확인한 '똥 속의 하늘'이라는 의미는 나의 삶을 자신과 세상에 대한 숱한 질문으로 다시 이끌 것이다.

지은이 정혜영

시를 쓰는 사람이 되고 싶었으나 청춘 시절에 찾아온 혹독하고 질긴 병마와 싸우면서 삶에 대한 의문을 풀어보기 위해 신학의 길에 들어섰다. 얼마 되지 않아 삶의 의문은 죽는 날까지 계속된다는 것을 알았으며, 진보 성향을 지닌다고 일컬어지는 몇몇 교회를 오가며 나를 포함한 세상의 이분법을 조금쯤은 벗어나 살아보기를 실험하고 있다. 새벽에 깨어 있기를 좋아하며 때로 트로트 가사에 매혹되고 '들판으로 달려가자'라는 문장을 사랑한다. 현재 경기도 양주에서 어머니와 함께 늙어가는 중이다.

한울아카데미 1838

똥 속의 하늘

권정생의 똥 이야기로 풀어가는 문학과 신학의 대화

ⓒ 정혜영, 2015

지은이 정혜영
펴낸이 김종수
펴낸곳 도서출판 한울
편집 신순남

초판 1쇄 인쇄 2015년 10월 30일
초판 1쇄 발행 2015년 11월 16일

주소 10881 경기도 파주시 광인사길 153 한울시소빌딩 3층
전화 031-955-0655
팩스 031-955-0656
홈페이지 www.hanulbooks.co.kr
등록번호 제406-2003-000051호

Printed in Korea.
ISBN 978-89-460-5838-5 93230(양장)
      978-89-460-6075-3 93230(학생판)

※ 책값은 겉표지에 표시되어 있습니다.
※ 이 책은 강의를 위한 학생판 교재를 따로 준비했습니다.
   강의 교재로 사용하실 때에는 본사로 연락해 주십시오.